콜드 토킹

**The Voice of Authority: 10 Communication Strategies Every
Leader Needs to Know**

1 2 3 4 5 6 7 8 9 10 Sallim 20 09 08

Original: The Voice of Authority: 10 Communication Strategies Every Leader
          Needs to Know
          By Dianna Booher
          ISBN 978.0.07.148669.9

This book is exclusively distributed in Sallim Publishing Co.

When ordering this title, please use ISBN 978-89-522-0898-9

Printed in Korea

콜드

The Voice of Authority

토킹

다이애나 부허 지음 | 유상민 옮김

살림Biz McGraw Hill

차례 Communication

커뮤니케이션의
장애물을 제거하라

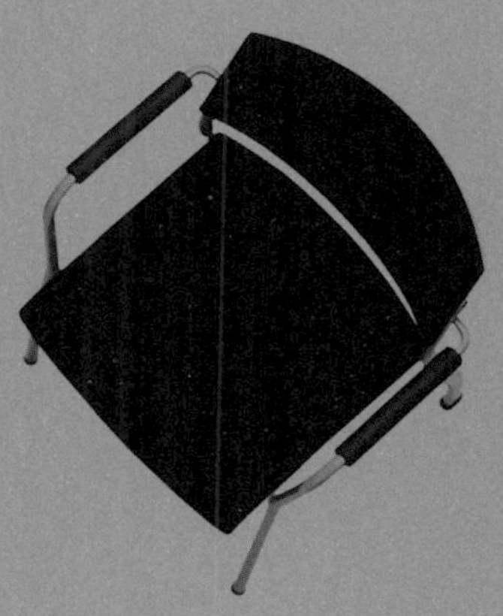

구성원의 의사소통 방법이 곧 조직의 효율성을 결정하는 절대적 기준이다.
– 래리 보시디, 하니웰 인터내셔널 회장

당신의 상사는 부탁하기보다 요구하는 편인가? 당신의 거래처는 약속만 하고 제대로 이행하지 못하는가? 당신의 배우자는 반응을 보이기보다 으르렁거리며 화만 내는가? 당신의 자녀는 감정을 표현하기보다 화를 폭발시키는 편인가?

이런 문제의 원인은 커뮤니케이션의 부재인 경우가 많다. "도대체 커뮤니케이션이 되지 않는다!"가 일반적인 불만의 목소리라는 이야기다.

그 진정한 의미는 과연 무엇일까? 책상마다 서류들이 쌓이고 이메일의 받은 편지함에는 수신 메일이 넘쳐나고 저마다 휴대폰을 손에 들고 있는 현실인데, 어째서 사람들은 '커뮤니케이션의 부재'라는 불만을 토로하는 것일까? 당신의 상사나 동료 혹은 당신의 장모는 어떤 의미로 그렇게 말하는 것일까? 당신은 어떤 의미로 그렇게 말하는 것일까? 여기서 잠시 생각을 정리해 보자. 그 질문에 대한 대답을 찾기에 앞서 다음과 같은 상황을 한번 생각해 보라.

조지는 고위경영진이 모인 자리에서 중요한 프레젠테이션을 지금 막 끝냈다. 그리고 프로젝트 팀의 리더인 자신의 상사에게 이렇게 질문한다. "프레젠테이션이 어땠나요?" 상사는 "아주 잘 했네. 완벽한 프레젠테이션이었어."라고 말한다.

한 달 후, 조지는 해고되었다. 해고 사유는 보다 넓은 의미의 목표 그리고 자신의 프로젝트를 조직의 목표에 부합시킬 수 있는 이해의 부족이었다. 어디에서 커뮤니케이션의 부재가 발생한 것일까? 단지 조지의 상사가 형편없는 프레젠테이션에 대해 직설적으로 평가하지 않은 것일까? 조지의 상사는 회의의 역학 관계와 피드백에 대해 완전히 잘못 판단하고 있었던 것일까? 아니면 고위경영진이 처음부터 조직의 목표를 명확하게 전달하지 못한 것일까?

기업은 매주 수많은 직원과 고객을 잃는다. 명확하고 정직한 커뮤니케이션 방법을 가르치지 못했기 때문이다. 그 이상도 그 이하도 아니다. 너무나 단순하면서도 동시에 복잡한 문제다.

당신에게 주어진 기회

바로 지금이 당신이 나설 때다. 앞서 던졌던 질문들에 대한 답을 제시할 때가 바로 지금이라는 이야기다. 사람들이 "도대체 커뮤니케이션이 되지 않는다."라고 불평하는 원인은 무엇인가? 만약 당신이 이 질문에 대한 답을 제시할 수 있다면 (그리고 해결 방법을 제시할 수 있다면) 모두가 당신의 말에 귀를 기울이도록 만들 수 있을 것이다. 당신은 대화를 이끌어 갈 수 있을 것이고 변화를 창출할 수 있을 것이다.

그 대답은 기술적인 것에서 찾을 수 있는 것이 아니다. 블로그나 메신저, 문자 메시지, 스마트폰 등은 이메일이나 팩스와 마찬가지로 수년 내에 이미 한물 간 기술이 되어 버릴 것이다. 새로운 기술이 등장하고 또 금방 눈앞에서 사라진다. 단 한 가지 지속적인 것이 있다면 그것은 바로 '인간적인' 커뮤니케이션 방법이다.

새로운 인간관계를 만들고 가시적인 결과를 도출하기 위해 효율적이면서 인간적인 커뮤니케이션 방법을 활용할 수 있는 능력이 곧 당신에게 기회다.

그렇다면 커뮤니케이션의 당사자, 즉 커뮤니케이터로서의 능력이 뛰어나다는 것을 어떻게 알 수 있을까? 그것은 커뮤니케이션 행위를 통해 당신이 얻는 결과물에 의해 달라진다. 상황을 명확하게 만들 수도 있고, 혼란스럽게 만들 수도 있다. 동기를 부여할 수도 있고, 사기를 저하 시킬 수도 있다. 신뢰를 얻을 수도 있고, 불신을 양산할 수도 있다.

어설픈 커뮤니케이션으로 인한 개인 증상

대부분의 사람들은 자신이 커뮤니케이션의 달인이라고 생각한다. 불행하게도 주관적인 판단은 커뮤니케이션의 효율성을 측정하는 좋은 기준은 아니다. 따라서 어설픈 커뮤니케이션에 대한 단서를 외부에서 찾는다면 다음과 같은 증상들이 나타날 것이다.

- 모든 사람들이 당신의 말이나 행동에 대해 언제나 동의한다고 느낀다.

- 회의 중에 당신이 제시한 아이디어에 대해 다른 사람의 의견, 질문, 피드백이 부족하다.

- 당신이 주재하는 회의에서 다른 사람의 아이디어가 극히 소수이거나 전혀 없다.

- 당신의 아이디어가 채택되게 만들거나 다른 사람의 견해 혹은 행동에 변화를 줄 수 없다.

- 성과 향상을 위해 당신이 지도한 사람들의 행동의 변화가 아주 미미하거나 전혀 없다.

- 당연히 해야 할 일에 대해 혼란이 발생한다.

- 담당 프로젝트와 목표의 이면에 '왜?'라는 의문에 대한 이해가 부족하다.

- 자신의 행동이나 말이 장기적으로 '무언가를 변화시킨다'라는 생각이 들지 않는다.

- 상사나 고객 또는 전략적 파트너에게 새로운 아이디어를 제시할 자신이 없고 망설여진다.

- 동료나 가족들과 지속적인 갈등을 겪는다.

- 같은 실수를 반복하는 경우가 잦다.

- 다른 사람에게 행동을 취하라, 마감일을 지켜라, 정보를 전달하라 등의 지시를 끊임없이 상기시켜야 한다.

- 충분히 지적했다고 생각되는 주제 혹은 쟁점에 대한 더 많은 정보 제공을 요청 받는다.

- 1:1 관계와 소규모 집단의 상호 작용에서 단절과 불편함을 느낀다.

- 자신의 프레젠테이션 혹은 자신이 작성한 문서에 대한 긍정적인 피드백이 불충분하다.

어설픈 커뮤니케이션으로 인한 조직 증상

고위경영진에게 조직 내에서 커뮤니케이션이 제대로 이루어지는지 질문해 보라. 이구동성으로 그렇다고 대답할 것이다. 하지만 그보다 아래 직급에 있는 사람들에게 같은 질문을 해보면 정반대의 대답을 듣게 될 것이다. 대체로 다음과 같은 증상들이 나타난다.

- 서로 상반되는 목적과 목표.

  (수잔은 비용 절감을 원하고, 샘은 수익 증대를 원한다.)

- 우선순위가 서로 충돌한다.

  (수린은 영업사원들이 고객을 대하기 전에 먼저 교육 과정을 거치길 원한다. 두프리는 직원들이 의무 교육 과정을 거치든 그렇지 않든 상관없이 가능한 한 빨리 고객을 대하길 원한다.)

- 일정이 서로 충돌한다.

- 왼손이 하는 일을 오른손이 알지 못한다.

  (A부서는 B부서가 무슨 일을 하는지 모르고 서로 업무가 중복되거나 복잡하게 만드는 경우가 빈번하다.)

- 영역 다툼을 한다.

- 가치가 불분명하다.

- 사기가 떨어진다. 직원들은 '가까스로 통과할 수 있을 정도'로만 일한다.

- 일상적인 업무에 대한 협조가 부족하다. 세부 사항이 틈새로 줄줄 새어 나간다.

- 업무가 반복된다.

- 험담이나 근거 없는 소문이 퍼진다.

- '우리 편'과 '상대 편'으로 양분하는 태도와 대화 방식이 생긴다.

- 저조한 단체 의식.
  (적대감을 드러내거나 소리 없이 뒤로 물러나서 냉소적인 태도를 취한다.)

- 부서 간에 특수 용어와 '애매한 말'을 사용한다.

왜 이런 사태에 직면하게 되었는가

정보 제공의 착각

커뮤니케이션 전문가들에 의하면 커뮤니케이션의 가장 큰 도전과제 중 하나는, 고위경영진이 입에 발린 아부성 발언이 아닌 창의적 생각에 더 많은 돈을 지불하도록 만드는 일이라고 한다. 메트릭스트림Metric-Stream이라는 기업의 최고경영자인 셸리 알캄뷰Shellye Archambeau

는 일단의 직원들에게 모든 정보를 뿌려준 다음 스스로 알아서 이해해 주길 기대해, 조직 내의 모든 구성원이 그 내용을 잘 알고 있다는 환상을 만들어 내는 경영자들을 설명할 때 '뿌리고 거두기'라는 어구를 사용한다.

나의 개인적인 컨설팅 경험을 돌이켜 보면 "우리에게 가장 중요한 자산은 바로 사람입니다."와 "커뮤니케이션은 우리가 성공하기 위해 가장 중요한 요소입니다."라는 말을 하지 않는 고위경영자를 만나 본 적이 없다.

하지만 그렇게 말했던 고위공직자들은 일반 직원들을 대상으로 한 설문 조사 결과 커뮤니케이션의 부재라는 결과가 나오면, 머리를 긁적이며 이렇게 말한다. "무슨 소릴 하고 있는 겁니까? 우린 엄청난 양의 정보를 제공했습니다. 그건 사내 인트라넷에 다 있는 내용이고 웹사이트에도 있어요. 지난 목요일에 전화 회의를 열었습니다. 수신자 부담 전화도 개설해 두고 있었어요. 매월 정기적으로 직원회의도 엽니다. 이보다 더 많은 정보를 어떻게 전달할 수 있는지 도저히 모르겠군요. 도대체 그들이 원하는 것은 무엇입니까?"

정보 제공이 곧 커뮤니케이션은 아니다. 정보는 메시지도 아니고 인간적인 접촉도 아니며 실행으로 해석될 수도 없다. 정보가 매출이나 수익을 창출하는 원동력이 될 수는 없다. 정보와 커뮤니케이션의 차이점은 엑스레이 사진과 외과 수술의 차이점과 같다. 리더라면 커뮤니케이션의 양과 커뮤니케이션의 중요성 사이의 차이점을 이해해야 한다.

새롭게 재포장하는 전문가

새로운 '모델model'을 판매하는 것으로 명성을 얻고 있는 교수나 컨설턴트 같은 사람들은 끊임없이 아이디어를 재포장해야 한다. 인간은 자연스럽게 습관을 물려받는다. 어떤 격언 모음집이라도 좋다. 가만히 살펴보면 아리스토텔레스나 사도 바울, 존 아담스 등이 남긴 말들은 록스타나 프로 운동선수, 기업의 리더들에 의해 줄기차게 재구성되고 있는 것을 알 수 있다.

여기서 문제는 그런 재포장에는 전형적으로 보다 복잡한 이름과 언어가 필요하다는 점이다. 그렇게 재포장한 내용도 결국은 사람들에게 '예전에 들어서 알고 있는 이야기'로 판명되고 만다.

속임수 찾기 심리

인간은 처음 인지되는 메시지를 여과하려는 속성을 가지고 있다. 우리는 진실을 인지하기에 앞서 '구린 냄새가 나는지 먼저 냄새 맡아 보기', '완전한 결말이 보일 때까지 기다리기', '먼지가 가라앉을 때까지 기다리기', '주변이 정리될 때까지 기다리기' 등의 과정을 거치도록 학습되었다.

청각을 통해 받아들이는 정보에 대해 다음과 같이 반응한다.

1. 상황 그리고 / 또는 사실을 인지한다.

2. 속임수를 기다린다.

3. 이면에 있는 의도를 다운로드한다.

4. 속임수를 해석한다.

과정을 보다 신속하게 진행하기 위해 우리는 흔히 세 번째 단계에서 바로 시작한다. 간단히 말하자면, 인간은 수동적이고 회의적인 자세로 정보를 인지한다. 마치 우리가 듣는 모든 정보가 '속임수spin', 즉 이면에 숨은 의도가 있는 절반의 진실인 것처럼 말이다.

위험회피 문화

행동이나 의사결정에 대한 책임이나 의무를 떠맡고 싶어 하는 사람은 없다. 우리 회사가 비즈니스 작문에 대한 교육을 제공해 온 지난 25년 동안 그 문제는 더욱 심각해졌다. 1980년대에 우리는 2일간의 워크숍 프로그램 참석자들을 대상으로 고객의 불만에 대응하는 방법을 가르친 적이 있다. 과거에는 행동이나 의사결정에 따른 책임 소재 때문에 고객의 불만을 처리하는 업무를 일선 서비스 담당자들 대신 상급자에게 전달하도록 하는 기업을 찾아보기가 쉽지 않았다. 하지만 오늘날에는 고객불만 대응업무의 거의 대부분을 관리자들이 도맡아 처리하고 있다.

그 이유는 일선 서비스 담당자들이 "회사의 실수를 인정합니다."라고
말해 버리는 사태를 두려워하기 때문이다.

조직 내부에서 일어나는 거의 대부분의 일상적이고 사소한 문제들의
처리 과정도 마찬가지다. 사람들은 "책임은 나에게 있습니다. 내가 실
수를 한 것입니다."라는 말을 회피하기 위해 끊임없이 모호한 이메일을
만들어낸다.

또 다른 커뮤니케이션의 장애물은 템플릿의 지나친 사용이다. 이것은
사람들을 개성이나 자신만의 목소리가 없는 인조인간 혹은 복제인간으
로 만들어 버린다. 템플릿의 과다 사용은 사고의 과정을 제거하고 커뮤
니케이션을 비인간적으로 만들고 일반화시키는 경향이 있다.

프레젠테이션을 표준화시켜 모든 파워포인트 사용자들이 동일한 템
플릿을 사용하도록 하는 추세가 점점 확산되고 있다(천편일률적으로 똑
같은 지점에 표제를 기입하고, 동일한 글머리 기호를 사용하고, 하단에는 '기
득권 삭제 조항'이 삽입되어 있는 전형적인 템플릿 말이다). 무역 박람회의
운영자들은 종종 회의 발표자들에게 사전에 템플릿을 제공하며 모두
똑같은 표준 템플릿을 사용하도록 만든다. 획일적인 '겉모습과 느낌'
을 갖추기 위해서다. 기업의 커뮤니케이션 책임자들 또한 '브랜딩'이
라는 명목 하에 획일적인 템플릿을 사용하는 정책을 집행하고 있다.
우리가 흔히 '파워포인트에 의한 죽음'이라는 불만의 소리를 듣게 되
는 것이 이상한 일일까? 마치 소프트웨어 자체에 문제라도 있는 것처
럼 말이다.

고객관계경영CRM 소프트웨어 시스템은 고객에게 발송되는 이메일과 서신의 템플릿을 생성한다. 하지만 그런 템플릿을 통해 작성된 이메일이나 서신이 정작 고객의 특정한 질문에 대한 답을 제공하는 일은 거의 없다.

온 세상이 템플릿을 사용한 커뮤니케이션에 열중하고 있다. 콜센터에서는 'X라는 문제'를 접수했을 때 사전에 준비된 템플릿 중 'D'형 이메일로 대응한다. 의사가 'Y'와 'Z'라는 증상을 들으면 약국에서는 미리 인쇄된 경고문과 부작용에 관한 내용을 처방전과 함께 출력한다. 식품 서비스 업계의 고객 요청이 있으면 영업 팀에서 표준화된 영업 프레젠테이션 'ABC'를 준비한다.

결과적으로, 그 누구도 인간적인 커뮤니케이션을 수행하지 않는다. 모든 것이 일반화되어 있고 그 무엇도 특별하지 않다. 상호 연관성이란 도무지 없는 것처럼 보이고 거의 모든 부분이 무시된다.

상대방과 통화하기 위해서 전화 수화기를 들고 오랫동안 기다려 본 적이 있는가? 아니면 무응답의 허세는 어떤가? 누군가에게 아주 직설적인 질문의 이메일을 보냈음에도 불구하고 의도적으로 질문에 응답하지 않는 경우 말이다. 예를 들어, "금요일 오후 3시에 있을 빌의 은퇴 기념 파티 이전까지 보고서를 제출할 수 있습니까?"라는 질문에 "기념 파티를 상기시켜 주어서 감사합니다. 금요일 오후 3시에 뵙겠습니다."라는 회신을 보낸다. 그들은 보고서에 대해서는 언급하지도 않는다. 의도적으로 말이다.

인터넷의 영향으로 사람들은 눈을 맞대고 마주하지 않는 이상 익명성을 누리고 있는 것이다.

커뮤니케이션의 두려움

직접적인 커뮤니케이션이 다른 누군가에게 감정적인 상처를 줄지도 모른다는 두려움을 느낄 때에도 동일한 문제가 발생한다. 사람들은 동료나 고객들의 바르지 못한 언어와 태도, 형편없는 성과 등을 감수한다. 모두 편견 없는 언행이라는 이름으로 말이다. 사람들은 특정 민족이나 특정 연령 집단, 특정한 성별에 대해 선입견을 가진 사람이라는 꼬리표가 붙는 것을 두려워하기 때문이다. 경영자들은 직원들과 껄끄러운 대화를 해야 할 경우, 이메일 공지 혹은 인사 담당자에게 의존한다.

실제로 어떤 사람들은 단도직입적인 대화를 너무나 두려워한 나머지 (본인이 불편해서 혹은 상대방이 방어적이거나 쉽게 상처받을 수 있기 때문에) 외부인을 고용해 문제 해결을 시도하기도 한다. 인터넷을 통해 아주 적은 비용으로 익명의 누군가를 고용해 동료나 상사, 이웃들에게 향수를 지나치게 사용한다거나 프레젠테이션이 엉망이라거나 파티를 너무 시끄럽게 벌인다는 등의 의견을 대신 전달하도록 하는 것이다.

고위경영진과 이사회에서는 그와 유사한 커뮤니케이션을 위해 컨설턴트를 고용한다.

잘못된 모델, 즉 잘못된 지도자나 문서, 프레젠테이션, 연설, 회의 안건, 주최자 등 옳지 못한 모델은 어디나 존재한다. 사람들은 '다른 사람과 똑같이' 의사소통할 때 안전함을 느낀다. 남과 다르다는 것은 이목을 집중시킨다. 하지만 똑같은 것은 안전하다.

커뮤니케이션의 장애물을 제거하라

피터 드러커는 『하버드 비즈니스 리뷰』에서 최고경영자들을 위해 컨설팅을 제공한 자신의 65년간의 경력을 요약하면서, 효율적인 경영자의 여덟 가지 신조 중 하나는 바로 커뮤니케이션을 주도한다는 것임을 지적했다. 리더는 이끌어 간다. 그들은 커뮤니케이션 문화의 주도권을 잡는다. 관리자는 유지한다. 그들은 현상 유지를 목적으로 한다.

리더는 조직의 얼굴로 인간적인 커뮤니케이션 그 자체가 된다. 그들은 다른 사람과 '커뮤니케이션'한다. 동료나 고객, 파트너 등과의 커뮤니케이션을 통해 과업을 수행한다. 특히, 리더는 가치를 전달한다. 그리고 자신들이 전달하는 가치와 일관된 행동을 한다. 그들은 존중과 관심을 전달하며 진실을 말한다.

그로 인해 조직이 얻는 것은 무엇일까?

가장 최근에 발표된 연간 왓슨 와이어트 커뮤니케이션 투자 수익률

연구Annual Watson Wyatt Communication ROI의 결과는 커뮤니케이션이 효율적으로 이루어지는 기업의 시장 수익률과 주주 수익률이 커뮤니케이션이 비효율적으로 이루어지는 기업에 비해 각각 19퍼센트와 57퍼센트 정도 높다는 사실을 보여 주고 있다. 효율적 커뮤니케이션의 잠재적 가치를 무시하기에는 너무나 확고부동한 것이다.

만약 당신의 팀이나 부서, 조직 혹은 가족이 부정적인 커뮤니케이션 문화를 변화시키지 않는다면 조만간 돌이킬 수 없이 망가져버릴 가능성이 매우 높다. 베스트셀러 작가이기도 한 래리 보시디와 램 차란은 그들의 저서 『실행에 집중하라』에서 실행의 부재에 기인한 기업의 실패 사례를 수없이 인용하고 있다. 그리고 그들이 인용한 실패 사례의 대부분은 형편없는 내부 커뮤니케이션에서 그 원인을 찾을 수 있다. 수년 전, 『포춘』 매거진 역시 기업의 실패 원인에 대한 기사를 다룬바 있다. 『포춘』이 인용한 10가지의 기업 실패 원인 중 네 가지는 문제가 있는 커뮤니케이션으로 귀결된다. 그것은 '나쁜 말은 듣지도 않는 것', '제 기능을 잃어버린 위원회', '보스를 두려워하는 것', '위험한 기업 문화'다.

만약 당신이 이와 같은 문제점을 지닌 조직문화 속에서 일하고 있다면 기적을 일으키는 직원이 될 기회를 가진 셈이다. 애매한 커뮤니케이션을 말끔하게 정돈하는 것은 조직의 성공에 지대한 영향을 미치게 될 것이다.

그렇다면 개인이 얻는 것은 무엇일까? 바로 다음과 같은 일이 가능해질 것이다.

- 잘 기억되기 위해선 무엇을, 언제, 어떻게 커뮤니케이션 해야 하는지 알게 된다.
- 다른 사람의 행동을 이끄는 설득의 커뮤니케이션을 하게 된다.
- 인간적인 커뮤니케이션을 통해 신뢰와 협력을 증진시킨다.
- 복잡하고 논쟁적이며 어려운 상황에서 상호 이해를 이끌어낸다.
- 정보의 축적보다는 정보의 공유를 권장한다.
- 사기를 진작시키고 협동심과 소속감을 향상시킨다.
- 대중 연설에 대한 신뢰도와 영향력을 증가시킨다.
- 다른 사람의 일을 그들에게 가치 있는 것으로 만들어 준다.
- 다른 사람의 성과를 높일 수 있는 지도력을 보유한다.

하지만 여기에서 '쿰바야Kumbaya, *Come by here*'의 아프리카 식 발음에서 유래된 것으로 '여기 임하소서!'라는 의미'를 노래하기에는 너무 성급하다. 이런 기적은 결코 하루 밤사이어 달성될 수 없다. 적어도 앞서 제시한 질문에 대한 대답은 해야 한다는 말이다.

당신의 상사나 옆자리의 동료, 당신의 자녀들이 토로하는 "도대체 커뮤니케이션이 되지 않는다."라는 불만의 진정한 의미는 무엇인가? 사람들은 상대방이 자신에게 명확하며 완전한 정보를 제공하지 않는다고 생각하게 되는 원인은 무엇인가? 그러한 인식이 현실이 되는 원인은 무엇인가? 왜 영업부 직원들은 고객 서비스 담당 직원들과 대화하지 않는 것인가? 교대 근무를 하는 직원들 사이에서 286번 기계를 청소하지 않으면 터져버릴지도 모른다는 정보를 전달하는 것을 쉽게 잊는 이유는 무엇인가?

반면, 왜 사람들은 데이터나 그래프, 슬라이드, 이메일 따위를 끊임없이 전송하면서 자신이 커뮤니케이션을 하고 있다고 생각하는 것일까? 부모들은 '얼굴이 파랗게 질릴 때까지' 쉴 새 없이 말을 하지만 자녀들을 통제할 수 없는 이유는 무엇일까?

대답이 필요한 질문이 일곱 개나 된다. 하지만 이들은 모두 서로 연결되어 있다.

정보를 거부하는 10가지 이유와 대처 방법

사람들은 전형적으로 다음과 같은 이유 때문에 자신에게 주어지는 정보를 거부한다.

- 당신이 거짓말 또는 잘못된 정보를 주고 있다고 생각한다. 당신을 신뢰하지 않는다.
- 당신이 불완전한 정보를 주고 있다고 생각한다.
- 당신이 전달하는 내용을 제대로 이해하지 못하고 있다. 당신의 메시지가 명확하지 않다.

- 당신이 의도적으로 애매한 태도를 취한다. 좋은 의도 혹은 나쁜 의도에서 말이다.

- 당신이 하는 말은 당신의 행동과 일관성이 없는 것처럼 보인다.

- 당신이 하는 말은 설득력이 없다고 생각한다. 당신이 설득력이 없게 보이거나 설득력 없게 말하는 것 혹은 사람들이 당신을 좋아하지 않는 것 중 하나다.

- 자신이 개인적인 존중을 받지 못하고 있다고 생각한다. 당신과의 연대감을 느끼지 못하는 것이다.

- 당신의 정보 전달이 한 발 늦다. 중요한 정보를 당신이 아닌 다른 누군가에게 듣게 되면 사람들은 뭔가 '잘못되었다'라고 느낀다. 당신이 그 중요한 정보를 먼저 전달해 주지 않았기 때문이다.

- 빈약한 커뮤니케이션 기법으로 인해 당신의 경쟁력이 떨어진다고 생각한다.

- 당신은 의견 제시 혹은 피드백의 기회가 전혀 없는 고립된 상태에서 일하고 있다고 생각한다.

이어지는 각 장에서는 이와 같은 근본적인 도전 과제를 하나씩 다루게 될 것이다. 그리고 사람들이 느끼는 감정이나 상황을 극복하고 성공적으로 그들에게 '다가갈 수 있는' 커뮤니케이션 전략도 함께 제시할 것이다. 이 책을 읽는 독자들은 "도대체 커뮤니케이션이 되지 않는다."라는 현실을 사전에 방지하는 방법 혹은 인식을 변화시키는 방법을 발견하게 될 것이다.

예를 들면, 이 책에서 제시하는 전략들은 당신이 커뮤니케이션을 언제 하는 것이 가장 효과적인지 알려 줄 것이다. 모든 사실을 알기 전에 커뮤니케이션을 해야 하는 것일까? 문제점 혹은 사건에 대한 조사가 진행되는 도중에 커뮤니케이션을 해야 하는 것일까? 최종 결정을 내린 후에 하는 것일까? 아니면 사람들이 어느 쟁점에 대해 어느 쪽 견해를 지지하는지 파악하기 이전에 하는 것일까?

또한 무엇을 전달해야 할 것인가를 확인할 수 있다. 사람들이 자신의 일을 성공적으로 수행하기 위해 알아야 할 것은 무엇인가? 사람들이 그런 정보를 필수적인 것이라고 생각하는 이유는 무엇인가? 왜 사람들은 서로 정보를 공유하지 않는 것인가? 쌍방향적인 커뮤니케이션을 권장하고 마음을 움직이는 대화를 이끌어내는 방법은 무엇인가?

마지막으로, 당신은 일상적으로 민감한 메시지를 전달하는 최선의 방법을 배우게 될 것이다. 다른 사람들이 당신의 아이디어를 수용하고 목표 달성을 위해 협력하는 과정에서 커뮤니케이션의 구조와 문장력, 시점, 연대감, 문맥 등이 만들어 내는 차이점을 고려하게 될 것이라는 말이다.

> ▶ 리더는 커뮤니케이션의 양과 그 중요성 사이의 차이점을 이해하는 사람이다.

만약 당신이 이미 효율적인 커뮤니케이션을 수행하고 있다면 축하를 보낸다. 만약 그렇다면 이 책에서 제시하는 전략들은 피할 수 없는 위기가 발생했을 때 인간관계를 굳건히 다지는 데 활용하기 바란다. 그전까지는 자신감 넘치는 커뮤니케이션을 계속해야 한다. 자신감 넘치는 커뮤니케이션이 목표를 달성하는 완벽한 팀의 핵심역량이라는 사실을 명심하던서 말이다.

제1장

은폐도 거짓말이다

커뮤니케이션의 정직성

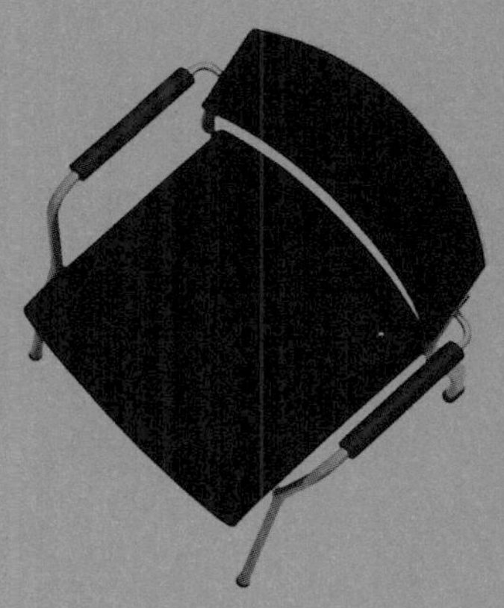

그 진술에는 진실이 담겨 있지만 진실이 되기에는 부족하다.
– 프란시스 콘포드

법정에서 증언을 했던 그 날은 내 인생에서 가장 우울한 하루였다. 오즈의 나라에서 정신을 차린 도로시처럼 나는 더 이상 고향인 캔자스에 있지 않다는 것을 깨달은 것이다.

남편과 나는 부동산을 매입한 적이 있다. 이전 소유주가 그 땅이 바로 강의 배수로에 위치하고 있다는 사실을 숨기고 우리에게 땅을 팔았던 것이다. (이는 곧 그 땅이 매립지가 되어 결코 건물을 지을 수 없을 것이라는 뜻이다.) 부동산 중계업자는 우리가 요청했음에도 불구하고 그 문제에 대해 조사도 하지 않았다. 결국 실용적 가치라곤 전혀 없는 땅을 사기 위해 엄청난 돈을 지불한 사실을 알았을 때, 남편과 나는 사실을 숨긴 땅주인과 부동산 중계업자를 고소하지 않을 수 없었다.

이전 소유주와 부동산 중계업자의 증언에서 내가 기대했던 것은 이런 것이다. "누군가가 그렇게 말했다." 혹은 "당신이 X에 대해 물어 보았을 때 나는 Y를 의미하는 것으로 이해했었다", "내가 Z라고 말한 것은 실제로 B를 의미하는 것이었다." 그리고 "기억이 나질 않는다.", "그런 적 없다." 혹은 "잘 모르겠다."라는 말만 늘어놓거나 날짜와 세부 사항에 혼란이 있었다는 변명을 할 것이라 예상했다.

내가 전혀 예상하지 못했던 반응은 이런 것들이다. 여섯 차례나 미팅을 가졌음에도 그 중계업자는 우리가 단 두 번 밖에 만난 적이 없다고 말했다. 그 중계업자와 함께 네 번씩이나 집 안을 돌아보았는데도 한 번도 집 안에 들어가 본 적이 없다고 말하리라고 예상하지는 못했다. 우리가 그 중계업자에게 홍수 예방 대책에 대해 조사해줄 것을 반복적으로 요청했음에도 그 문제는 "결코 논의된 적이 없다."라고 말하리라고는 생각하지 못했다.

그 땅은 큰 비가 내릴 때마다 홍수 피해를 겪었던 곳이었기에 이전 주인이 자신의 땅이 배수로에 위치해 있었다는 사실을 잊어버렸다고 말하리라곤 전혀 예상하지 못했던 것이다.

나중에 변호사 친구에게 자초지종을 자세하게 이야기했을 때, 그의 반응 또한 그다지 위안이 되어 주지는 못했다. "난 형사 전문 변호사야. 경찰이나 공무원들이 매일 이런 사건을 겪고 있어. 목격자가 없는 사건 말이야. 비일비재한 사건이라니까." 그 때는 내 인생에서 가장 감정적 소모가 컸던 이틀이었다.

직장에서의 거짓말도 동일한 효과를 가진다. 속임수는 사람을 지치게 만들고 분노하게 만든다. 진실과 완전한 진실, 다른 무엇도 보태지 않은 온전한 진실은 결코 서로 다른 세 가지가 될 수는 없다.

언제까지 거짓말을 유지할 수 있는가

과거에는 곡예사들의 접시돌리기처럼 빙글빙글 돌아가고 있는 접시를 계속 회전하도록 유지하는 것이 도전 과제였다면, 지금은 모든 리더들을 계속 거짓말을 쓰도록 만드는 것이 도전 과제인 것처럼 보인다. 접시돌리기 거짓말은 비즈니스와 삶을 지속시키는 원동력이다. 거짓말이란 상황에 맞는 최선의 얼굴 표정을 짓는 것이며 사실 혹은 상황을 가능한 한 그럴듯하게 보이도록 만드는 것이다. 데이트 약속을 받아 내기 위해, 거래를 성사시키기 위해, 명분을 위한 지지를 얻기 우해, 자선 행위를 위한 돈을 모으기 위해, 그리고 철학적 관점을 변화시키기 위해서 말이다.

거짓말이란 자신이 내세우고자 애쓰는 관점에 따라, 그리고 개인의 편견에 준하여 사용하는 것이다. (물론 거짓말에는 도덕적인 것도 있고 비도덕적인 것도 있다. 그 점에 관해서는 나중에 더 자세히 논의해 보도록 하자.)

최근 나는 나의 블로그http://booherbanter.typepad.com에 이라크의 알 자르카위의 죽음에 대해 각 텔레비전 방승국들이 전한 기사에 사용된 거짓말을 글로 올려놓았다. 수많은 아침 방송 프로그램 이후에 들려온 논평들 중 몇 가지를 살펴보면 이런 것이다.

- "오늘 아침 전해진 미국의 위대한 승리입니다.' vs "그의 죽음이 실제로 이라크 전쟁에 미칠 영향은 아주 적을 것입니다."

- "심리적인 승리에 불과합니다." vs "훌륭한 상징적 승리입니다."
- "그의 죽음은 분명 부시 대통령의 국내 지지율을 상당히 끌어올릴 것입니다." vs "하지만 그의 죽음이 국내에서의 부시 대통령 지지율에 얼마나 적은 영향을 미치게 될 것인지 현실적인 점검을 할 필요가 있습니다."
- "알 자르카위는 이라크 내에서 가장 지명도 높은 테러리스트였습니다." vs "알 자르카위는 방송매체를 이용하는 방법을 터득한 일개 거리의 갱단에 불과했습니다. 보이지 않는 곳에 있는 다른 누군가가 실제적인 권력을 지배하고 있다는 이야기죠."

편견과 감정은 거의 대부분의 대화에서 표면으로 부상하는 나름의 비법을 가지고 있다. 공항이나 식료품 가게에서 줄을 서서 기다리는 동안 아주 흥미롭게 시간을 보낼 수 있기를 원한다면 사람들의 말을 해석해 보길 권한다. 그들의 의식 저변에 깔려 있는 추론과 신념의 체계에 대해 당신이 알아 낼 수 있는 정보에는 어떤 것이 있는지 알아보기 위한 해석 말이다.

거짓말은 자연스러운 것이다. 사람들은 누구나 거짓말을 한다. 그렇지 않다면, 애인을 구하거나 아내를 얻거나, 직원을 채용하거나, 취직을 하거나 혹은 계약을 성사시키는 사람을 아무도 없을 것이다. 사람은 누구나 자신이 생각하는 최선의 모습을 내세우기 마련이다.

문제는 악의를 품은 거짓말이다.

선의의 거짓말은 이득을 가져다준다

선의의 거짓말은 −

- 현실에 근거를 두고 있으며 잘못으로 인도하지 않는다.

- 듣는 사람이나 시기, 목적 등에 적절하게 부합한다.

- 단도직입적인 대답을 제공한다.

- 거짓말을 사용하는 사람의 선의를 대변한다.

악의의 거짓말은 우리를 파괴한다

악의의 거짓말은 −

- 과장되고 잘못된 길로 인도하며 사실을 왜곡하고 은폐한다.

- 나쁜 경험을 하게 만든다. 악의의 거짓말은 사람들을 화나게 만든다. 왜냐하면 부적절한 청중에게, 부적절한 시기에, 겉으로 드러나지 않은 목적을 위해 사용되기 때문이다.

- 믿음을 가지고 정직한 대답을 얻을 수 있는 사람의 능력을 파괴한다.

우리가 가진 '거짓말의 문화'로 인해 기업들도 동일한 습성에 빠져든다. 그리고 기업의 직원들과 고객들도 그에 못지않게 의심이 많아진다. 비록 악의의 거짓말이 조직 혹은 세계를 초광속으로 돌아다닌다 할지라도 널리 보급된 인터넷이 있으니 사고할 수 있는 사람이라면 악의의 거짓말을 구별할 수 있을 것이다. 당신은 그것이 올바르지도 않을뿐더러 진실도 아니라고 생각할 것이다. 여기에는 아주 명백한 편견과 저변에

깔린 동기가 있으며 저것은 유효하지 않은 결론이라고 생각할 것이다. 또 누군가가 이 쟁점에 대해 정직한 태도로 당신을 상대하지 않고 있다고 생각할 것이다.

하지만 신뢰는 전대미문의 최하위 수준에서 비틀거리게 될 것이다.

거짓말이 사기가 되는 시점

화요일 아침, 당신이 일하는 사무실로 들어서면 이메일 보관함을 가득 채우고 있는 메시지 중에 이런 제목을 가진 것이 있을 것이다.

"Re : 금요일 논의 사항에 이어" 그 메시지를 클릭해서 열어 보면, 나이지리아에 있는 어느 법정 변호사가 당신의 은행 계좌에 4천만 달러를 예금해 두길 원한다는 내용이 들어 있다. 제니퍼에게서 온 또 다른 이메일은 "무역 박람회 참석이 가능하십니까?"라는 제목을 달고 있다. 그 메시지를 클릭해서 여는 순간, 당신은 이제 막 주택담보대출 신청 자격을 얻는다. 이것이 바로 당신과 내가 공유하는 의사소통의 문화다.

미국의 공신력 있는 언론 연구 기관인 '시민과 언론을 위한 퓨 리서치 센터Pew Research Center for the People and the Press'에서 진행한 연구에 의하면 사람들은 가장 유명한 인쇄 매체를 통해 얻는 정보를 더 이상 신뢰하지 않는 것으로 나타났다. 사람들이 신뢰하는 인쇄 매체의 종류와 그 신뢰도의 정도를 살펴보면 다음과 같다.

월스트리트저널 : 41%

타임 : 29%

뉴스위크 : 24%

유에스에이 투데이 : 23%

'국제 비즈니스 커뮤니케이터 협회International Association of Business Communicators ; IABC'의 연구에서는 미국인의 절반 이상이 직장에서의 비도덕적 행위를 예의 주시하고 있는 것으로 보고 되고 있다. 직원이나 고객, 공급업자 혹은 대중을 상대로 거짓말을 하는 것은 직장에서의 비도덕적 행위 중 상위 두 번째를 차지했다.

거짓말로 인한 문제점은 조직 내의 하의 계층으로부터 최고위층까지 걸쳐 있다. 이력서나 면접 과정에서부터 옵션 백데이팅(기업이 경영진에게 부여하는 스톡옵션을 주가가 바닥이었을 시점으로, 소급 적용해 부당 이익을 취하는 비리)에까지 이른다. '미국 증권 거래 위원회' 또한 붕괴되고 있다. 증권 거래 위원회에서는 기업들이 있는 그대로의 진실을 대중에게 공개하기를 요구하는 내용으로 수백 통의 서신을 보냈다. 숫자 뒤에 감춰진 스토리를 공개하고 기업의 재정에 중대한 영향을 끼쳤을 수도 있는 사실을 강조하도록 하기 위해서 말이다. 자신의 동료와 경쟁자들이 감옥으로 떠나거나 혹은 무거운 벌금형을 받는 것을 지켜본 이후, 그들 중 다수가 자신들의 모호한 연례 보고서에 대해 인정도 부정도 하지 않으면서 법정 밖에서 상황을 처리하고 벌금을 내는 것으로도 문제를 해결했다.

진실을 분석하는 일에 정치인들이라고 더 나은 것은 아니다. 닉슨에서부터 클린턴에 이르기까지 말이다. 클린턴의 '~이다(is)'의 의미에 대한 대배심 증언을 기억할 것이다.

검사 : 어찌됐든 베넷 씨는 증인과 루윈스키 양의 관계를 알고 있었습니다. "클린턴 대통령과는 어떤 형태로든 성관계가 이루어진 사실이 없다"라는 진술은 완전한 거짓 진술입니다. 맞습니까(Is that correct?)
클린턴 : 그것은 '~이다(is)'의 의미가 어떤 것인가에 달려 있습니다. 만약 '~이다(is)'가 '지금까지 결코 그런 적이 없고 그것은 거짓이다'를 의미하는 것이라면 그것은 또 다른 이야기입니다. 만약 '~이다(is)'가 '전혀 없다'를 의미하는 것이라면 그것은 완전한 사실을 진술한 것입니다.

주당 96퍼센트의 손실을 발표하는 2002년 4월 25일 자 보도 자료에서 당시 '타이코 인터내셔널Tyco International'의 최고경영자였던 데니스 코즐로우스키Dennis Kozlowski는 이렇게 말한 바 있다. "지난 10년, 40분기 동안 꾸준히 이어 온 회사의 이익 상승률이 멈추게 되어 너무나 실망스럽습니다. 차변 기입 이전의 결과가 이전에 명시한 분기 예상액과 동일 선상에 있으나 우리는 해당 분기에 적용된 낮은 세율로 그 예상액을 달성하였습니다." 그는 결코 '손실'이라는 단어를 사용하지 않았다. 코즐로우스키에 대한 실형 선고문을 고려해 볼 때, 악의적인 거짓말이 습관의 형태로 굳어진 것이 아닌가라는 생각을 하게 만든다.

당신에게 주어진 도전 과제는 통제 불능의 '거짓말' 문화 속에서 신뢰를 회복하는 일이다.

거짓말의 원인

무성의한 인사말

몇 달 전 나는 조깅용 반바지를 사기 위해 집 근처에 있는 스포츠 용품점에 들른 적이 있다. 내가 사고 싶은 물건이 어떤 것인지는 정확하게 알고 있었지만 어디서 찾아야 할지는 알지 못했다. 내가 들어서자 첫 번째 점원이 기계적으로 인사말을 건넸다. "도와드릴까요?" 나는 점원에게 내가 찾는 물건이 어떤 것인지 말해 주었다. 그 점원은 "이쪽에는 없어요. 복도 반대편에서 찾아보세요."라고 말하며 반대편을 가리켰다.

나는 반대편으로 갔다. 하지만 잠시 후에 다시 그 점원이 있는 쪽으로 돌아와야 했다. "저쪽에는 아무도 없는 것 같아요. 조깅용 반바지가 어디에 있는지 좀 찾아 주시겠어요?"

그 점원은 한숨을 쉬더니, 나를 따라 복도 반대편으로 넘어 왔다. "저는 이쪽에서 일하지 않아요. 도와줄 수 있는 사람을 찾아 드리죠."

그리고는 자신의 매니저를 데리고 나타났다. 매니저는 이렇게 말했다. "네, 도와드릴까요?"

나는 그 매니저에게 내가 찾는 조깅용 반바지의 형태와 제품 번호가지 말해 주었다.

"우리 매장에 있는 제품은 저쪽 선반에 있는 게 전부입니다."

그렇게 말하고는 재고 물량 확인하는 일을 계속하기 위해 다시 돌아가 버렸다. 나는 대충 훑어본 후 그 매장을 나와 집으로 갔다. 그리고 다른 회사를 통해 인터넷으로 제품을 주문했다.

"도와드릴까요?"라는 말은 너무나 많은 조직에서 한낮 무성의한 인사말에 불과한 것으로 변해버렸다. 고객들은 그것을 느끼고 있다.

개인적인 불성실

감언이설은 우리에게 주어지는 진정한 칭찬의 말을 만끽하지 못하게 만든다. 조직 내에서 고위직의 누군가를 소개받았을 때, 인사말로 건네는 일반적인 말은 "당신은 진정한 역할 모델입니다."일 것이다. 그 고위경영자가 "그런가? 어떤 면에서 내가 역할 모델이라고 말하는 건가?"라고 반문하는 것을 들어본 적이 있는가? 고위경영자에 관해 자신이 알고 있는 것이라곤 엄지손톱에 모두 적을 수 있을 정도로 간단한 것이니 만큼 그 아첨꾼은 어떻게든 그럴듯한 말을 만들어 내기 위해 바쁘게 움직이는 것에 불과하다.

진심이 담기지 않은 발언들은 모두 정중함을 가장한 속임수와 스팸, 미소의 일부분이다. 하지만 개인적으로는 신뢰의 위기를 만들어 내는 것이기도 하다.

진실을 숨기는 상투어구

일 년에 수차례, 나는 인사 전문가들을 위한 강연을 한다. 그런 프로그램 과정에서 참가자들은 각자의 조직 내에서 사용되는 거짓말들을 서로 공유할 수 있는 기회를 갖는다. (물론 익명으로 말이다.) 기밀 정보와 고위경영진들과의 대화에 은밀하게 관여하는 업무적 특성 상 진실이 아닌 것을 그들은 증명할 수 있다. 가장 흔하게 언급되는 거짓과 그 이면의 진실을 살펴보면 다음과 같다.

- "합병이 되더라도 직장을 잃게 되는 사람은 아무도 없을 것이다."

  (현실: 불필요한 부서 전체를 해고할 계획이 이미 진행 중이다.)

- "올해는 누구에게도 급여 인상을 적용하지 않을 것이다."

  (현실: 고위 경영자들은 엄청난 보너스를 챙기고 있다.)

- "이번 연도에는 우리 모두가 비용 절감을 위해 각자 맡은 바 책임을 다하고 있다."

  (현실: 직급이 낮은 직원들에게 제공되던 비공식적 모임이나 여행, 보너스, 특전 등은 모두 제거되었지만 고위경영진들에게는 그런 변화가 결코 적용되지 않는다.)

- "우리에게 가장 소중한 자산은 사람이다."

  (현실: 하지만 우리는 사람을 신뢰하지도 않고 교육을 시키거나 그들의 말에 귀를 기울이지도 않는다.)

- "교육은 가장 높은 우선순위를 갖는다."

(현실: 다만 교육을 위해 비용을 지불하거나 시간을 할애할 생각이 없을 뿐이다.)

- "직원 여러분은 새로운 임금 및 복지 체계 하에서는 더 나은 대우를 받게 될 것이다."
(현실: 새로운 체계는 회사의 사정을 나아지게 만들 것이다. 따라서 당신은 일자리를 조금 더 오랫동안 유지할 수 있다.)

이런 조직들이 신뢰 회복과 직원 유지를 위해 고군분투하고 있는 자신들을 발견하고 목표를 새롭게 깨닫는 것은 당연한 결과이지 않겠는가?

잘못된 평가

성격 좋은 레이몬드를 싫어하는 사람은 없을지도 모른다. 하지만 사람들은 레이몬드가 사람구실을 못하는 때가 언제인지도 알고 있다. 레이몬드가 책임을 회피하고 빈둥거리기만 하는데도 자신들과 똑같이 그의 급여가 인상되었다는 소리를 듣는다면 '성과에 따른 급여'라는 말이 거짓말이라고 이해하게 된다. 자신의 프로젝트에 최선을 다하는 것이 아니라, 대충 참여하고도 여전히 남들과 동일한 특전을 부여 받는다면 성과에 대한 평가는 현실에 근거를 두지 않는 것이라고 받아들인다.

직원들은 '이번 달의 최고 직원과 같은 경쟁 제도가 같은 사람에게 두 번 이상 수여할 수 없다.'와 같은 규칙이 적용된다는 사실을 알게 되면, 단지 조금 더 열심히 일하도록 만들려는 책략이라고 단정 지어 버린다.

비공식적인 거짓말

누군가 눈앞에서 거짓말을 하는 것을 보면 우리는 그 사람에 대한 신뢰를 잃게 된다. 비록 특별히 우리에게 하는 거짓말이 아니라고 해도 말이다. 예를 들면, 당신의 보스가 전략적 파트너에게 다른 파트너들이 받는 수수료에 대해 거짓말을 하는 것을 우연히 듣게 되는 경우가 그렇다. 회사 비용으로 업계 회의에 참석한 고객이 정작 회의에는 참석하지도 않고 옛 친구와 골프만 치다가, 본사와의 전화 통화에서는 '무역 전시회장'에 사람이 없었다고 보고하는 모습을 볼 때도 그렇다. 당신의 보스가 프로젝트를 지연시키는 중대한 실수를 범한 것을 알고 있지만, 부사장에게 올라가는 월말 보고서에는 프로젝트 지연의 원인을 '공급업체의 문제'라고 써 놓은 것을 알고 있는 경우도 마찬가지다.

비공식적인 거짓말은 비록 당신이 그 희생양이 되지 않는다 하더라도 당신이 듣는 모든 다른 말들에 의문을 가지는 원인이 된다.

결과물을 제시하지 못하는 대고객 약속, 개인적인 무성의함, 진실을 전달하지 못하는 경영자의 상투어구, 비공식적인 거짓말 등은 신뢰를 쌓아가는 일을 힘겹게 만드는 장애물이다. 사람들이 자신의 리더로부터 얻는 것보다 인터넷을 통해 얻는 정보를 더욱 신뢰하는 것이 과연 놀라운 일인가?

> ▶ 도처에 속임수가 만연한 때에 진실을 말하는 것은 혁명적 행동이 된다.
>
> – 조지 오웰

거짓말의 치료법

진실을 말하라

리처드 닉슨이나 빌 클린턴, 마사 스튜어트Martha Stewart, 피트 로즈Pete Rose, 앤드류 파스토우Andrew Fastou, 잭 애브라모프Jack Abramoff에게 물어보라. 있는 그대로를 말하라. 당신이 틀렸을 때는 틀렸다고 말하라. 실수를 범했을 때는 앞으로 나서서 실수를 인정하라. 마감 기한을 넘겼을 때는 책임을 져라. 그릇된 의사 결정을 내렸더라도 위원회나 이사회, 팀원들의 뒤로 숨지 마라. 결과물이 실망스러우면 그렇다고 말하라.

틀렸을 때 틀린 것을 인정하는 것처럼 사람들이 당신을 믿게 만드는 것도 없다. 자신의 실책이나 의사결정 혹은 형편없는 성과에 대해 책임을 지는 솔직함을 지켜보는 것보다 더 존경심을 갖도록 만드는 방법은 없다.

진실을 말하는 사람으로 인정받는 것에는 엄청난 힘이 존재한다. 단도직입적이고 꾸미지 않으며 직설적인 진실 말이다.

당신의 발언을 재고하라

자신이 생각하는 최고의 모습을 앞으로 내세우고 싶은 것은 당연하다. 하지만 당신의 가치와 신념, 행동, 사명 혹은 목적을 견고한 언어로 해석해야 할 것이다. 입에 발린 말은 상투어구가 될 가능성이 높다. 풍

자만화에 비추어 생각해 보라. 스콧 애덤스Scott Adams가 시사만화인 '딜버트Dilbert'를 그리면서 당신의 발언을 결정적 어구로 사용하는 모습을 상상할 수 있는가? 만약 그렇다던 당신의 발표문이나 설명 혹은 메시지를 재고해 보아야 한다. 진실을 전달할 수 있도록 말이다.

당신의 말을 실천하라

최고의 성과에 대해 보상을 한다는 말을 하면서 형편없는 성과를 거둔 직원을 당신이 개인적으로 총애한다는 이유만으로 지속적인 관대함을 보이는 것은 속이 훤히 들여다보이는 거짓말이다. 목적과 기준을 설정하라. 당신이 평가의 대상으로 계획하고 있는 것과 범주에 대해 의사소통을 해야 한다. 수치로 측정하고 정량화하라. 그리고 그에 따라 보상을 지급하거나 혹은 처벌하라. 다른 사람의 성과에 대해 어떻게 할 것이라고 한 당신의 말을 실천에 옮겨라.

직관을 현실처럼 측정하라

감정적 폭발 상태에 있는 반항적인 15세 청소년은 어깨에 이런 문구를 걸고 다니는 것처럼 보인다. "다른 사람이 나에 대해 어떻게 생각하는지 난 결코 신경 쓰지 않는다." 하지만 내면에서는 이렇게 울부짖고 있다. "물론 다른 사람이 나를 어떻게 생각하는지 신경이 쓰인다."

성숙함은 다른 사람이 나를 어떻게 생각하는가의 문제가 상당한 중요성을 가진다는 사실을 자각하게 해 준다. 직관은 대통령 선거의 결과를 결정한다. 후보의 능력에 관한 진실성이 선거의 결과를 결정하는 일은 거의 드물다는 얘기다. 자선 목적의 기금 운용을 결정하는 것도 직관이다. 진정한 필요성에 의해 결정되는 경우는 거의 없다. 민사 소송에서 판결과 처벌을 결정하는 것도 실제로 유죄 혹은 무죄인가라는 진실이 아니라 직관이다.

현명한 커뮤니케이터는 수시로 진실성을 확인한다. 그들은 연기가 나는 곳에서는 흔히 불꽃이 일어난다는 것을 이미 깨닫고 있는 것이다.

그 불꽃이 모닥불로 커지기 전에 발로 밟아버리는 것이 목적이다.

신뢰는 오랜 시간에 걸쳐 쌓이는 것이다. 신뢰는 한 순간에 무너질 수도 있다. 그리고 아주 천천히 회복된다.

진실을 감추는 것은 상당한 긴장을 가져온다. 회피하거나 애매한 말투를 쓰는 일은 에너지를 필요로 한다. 자신이 무슨 말을 했는지, 누구에게 했는지, 언제 그런 말을 했는지 모두 기억해야 하기 때문이다. 그리고 누가 그 말을 들었는지, 그 말을 할 때 어떤 문장을 사용했는지도 기억해야 한다. 다른 누군가가 알아차린다면 어떤 일이 벌어질지, 실제로 그 말을 이해하고 이면의 뜻을 알아낸 사람은 또 누구인지 걱정해야 할 것이다.

우리는 매일 상사와 고객, 공급업체와 동료, 아이들과 배우자 혹은 이웃들과 민감한 상황에서 어려운 문제를 놓고 대립한다. 상황을 해결하는 쉬운 대답도 있고 진실 되지만 어려운 대답도 있다.

커뮤니케이터로서의 당신의 힘은 이 두 가지 사이에서의 선택에 달려 있는 것이다.

제 2 장

알고 있는 모든 것을 말하라

커 뮤 니 케 이 션 의　완 벽 성

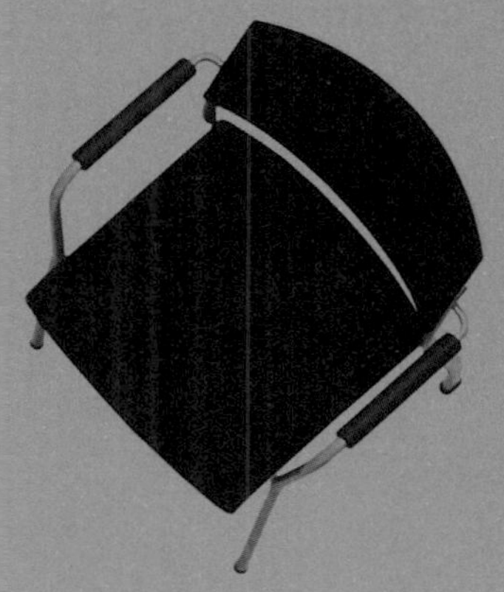

사람은 점들을 연결하는 데 가능한 한 가장 병리학적 방법을 사용한다.
– 지니 다니엘 덕, 『체인지 몬스터』

리더들은 종종 분석과 문제 해결, 의문 제기, 협조, 의사결정, 위임 등의 일로 바쁜 나머지 주변과의 커뮤니케이션을 간과하고 만다. 그들은 너무 적은 정보를 너무 늦게 전달한다. 정보가 없는 상황에서 사람들은 출처가 어떤 곳이든 상관없이 입수한 사실들을 취하게 된다. 정확한 것이든 그렇지 않든 말이다.

리더인 당신의 침묵이 곧 대화의 중단을 의미하는 것은 아니다. 다만 당신에게서 정보를 제공받지 않을 뿐이다.

여기서 간단한 퀴즈를 풀어보자.

- 911 테러 발생 이후 처음 24시간, 48시간, 72시간 동안 당신이 깨어 있는 시간의 대부분을 보낸 곳은 어디인가? (텔레비전 앞에서 보냈는가?)
- 허리케인 카트리나와 리타가 상륙했을 때 당신은 어디에 관심을 집중하고 있었는가? (텔레비전을 시청했는가? 아니면 라디오를 듣고 있었는가? 아니면 인터넷에서 실시간 정보를 읽고 있었는가?)
- 얼마나 자주 당신과 아무 상관도 없는 스캔들이나 죽음 혹은 살인 사건에 관한 자세한 정보를 읽거나 듣는가? (자주?)

만약 당신의 대답이 괄호 안의 대답과 일치한다면 축하를 보내는 바이다. 그것은 당신이 인간의 일족이라는 의미다. 상세한 정보에 굶주려 하는 것은 자연스러운 반응이다. 따라서 리더가 의식적으로 혹은 무의식적으로, 직장에서의 업무와 관련된 중요한 문제에 관한 상세한 정보의 전달을 보류하는 것은 곧 분노와 혼란, 불신을 양산하는 것과 같다.

훌륭한 커뮤니케이터는 완전한 정보를 제공하는 일에 무관심해서는 안 된다.

왜 정보 제공에 인색한가

생각은 우리에게 맡겨라

어떤 팀이나 부서, 조직은 온정주의적 문화를 가지고 있다. 고위경영자들은 평직원들을 조직 내의 어린아이로 간주한다. 의사결정 혹은 행위에 관한 실제 사실이나 정보, 설명 등을 공유할 만큼 신뢰할 수 없는 어린아이 말이다.

많은 경우에 그들은 다음과 같은 문장을 사용한다. "어떤 일이 중요한 사안으로 바뀌면 여러분에게 알려 줄 것입니다. 그러니 걱정하지 마십시오.", "이 소식으로 여러분을 걱정하게 만들고 싶지 않습니다. 여러분들이 모르는 사이에 해결될지도 모릅니다.", "이것은 아주 복잡한 문제입니다. 당신은 너무 깊이 연관되어 있어서 오히려 이해하기 어렵습니다."

좋은 의도건 그렇지 않건 이런 문화는 사람들을 질식시킨다. 사람들이 아이디어나 의사결정에 대한 의견이나 피드백을 받을 기회가 전혀 없기 때문이다. 사람들의 창의력이 제한되면 사기도 저하된다. 그리고 상세한 정보가 없다면 사람들이 받아들이는 데에도 한계가 있다. 공식 발표된 의사 결정을 지지해 줄 만한 논리가 없기 때문이다.

모든 사람들이 장난감이 고장 난 것을 알고 있는 것처럼 보인다. 저 높은 곳에 있는 부모님만 제외하고 말이다.

정보는 곧 권력이다

여기서 결코 평범하지 않은 사례로 꼽을 수 있는 인물이 사담 후세인이다. 그는 외부의 위협에 대항해 싸우는 자신의 군대를 절름발이로 만들어 놓았다. 핵심 정보를 부하들에게 철저히 은폐했기 때문이다. 미군 측의 보고서와 인터뷰 내용에 의하면 사담 후세인의 군 지도자들은 전쟁이 일어나기 불과 석 달 전에 대량 살상 무기를 보유하고 있지 않은 사실을 알고 당황스러웠고 사기가 저하되었다고 한다. 그들은 그 숨겨진 무기를 나라를 지킬 수 있는 마지막 보루라고 믿고 있었던 것이다. 사담 후세인은 군 지도자들 간의 커뮤니케이션을 차단했고, 모든 사령관들이 바그다드에 있는 자신의 명령이 있을 때이만 군대를 옮길 수 있도록 해야 한다고 주장했다. 페다옌Fedayeen, *아랍의 게릴라들* 작전은 일반 군대의 지도자들과 공유할 수 있는 정보가 아니었다. 공화국 수비대가 다른 군 병력과 커뮤니케이션 하는 것도 허락하지 않았다. 사령관들은 바그다드 공항 주변 지역의 정확한 지도조차 가지고 있지 않았다. 그들이 이라크의 지도자가 살고 있는 궁전의 위치를 알까봐 두려웠기 때문이다.

당신이 속한 조직 내에서 프로젝트를 수행하는 누군가와 흡사한가?

고객을 방문하던 중, 나는 '백기사White Knight'에 관한 이야기를 들었다. 내가 방문했던 고객의 동료는 이렇게 설명해 주었다. "고객사의 프로젝트를 수행하고 있었죠. 소프트웨어를 설치하는 데 열 단계가 있었습니다. 그 프로젝트에서 일하는 우리 회사의 컨설턴트에게는 여덟 단계까지만 알려 주는 겁니다. 그리고는 더 이상 프로젝트가 진행되지 못할 때 백기사처럼 마지막 순간에 나타나서 중간에 빠져 있던 정보를 가지고 그 날의 영웅이 되는 것이죠. 그 사람은 그런 일을 반복합니다. 그는 팀원들 사이에 엄청난 적개심을 만들어 냈어요. 그 회사의 아주 유능한 인재들이 모두 다른 직장을 알아보고 있습니다."

최근 자신의 회사를 매각한 한 최고경영자는 자신이 진행했던 기업 인수에 대해 이런 이야기를 들려주었다. "우리는 다른 산업 분야의 회사를 인수했습니다. 그 회사의 영업 관리자는 아주 오랫동안 일해 왔기 때문에 적극적으로 공략해야 할 상위 고객이 누구인지, 주력 생산품은 어떤 것으로 해야 할지에 관해 정보를 제공해 줄 것이라 생각했죠. 우리가 그 회사를 인수할 때는 그런 정보를 사오는 것이라고 생각했습니다. 하지만 그 영업 관리자는 자신이 우리에게 정보를 '조금씩 나누어 주면' 자신의 존재에 대한 필요성이 더욱 커질 것이고, 자신의 일자리도 더욱 확고해질 것이라고 생각했던 겁니다. 우린 결국 그 방법을 포기하고 그 영업 관리자를 배제하게 되었습니다."

사람들은 힘을 얻기 위해 상세 정보를 공유하지 않는다. 하지만 사람들은 같은 이유로 힘을 상실하고 만다.

상관관계의 이해 부족

어떤 사람들은 다른 사람들이 업무 처리를 위해 무엇이 필요한지 의식하지 못한 채 하루나 일주일을 보낸다. 그들의 생각은 이렇다. "내가 가지고 있는 X라는 정보가 그들이 하고 있는 Y라는 프로세스와 무슨 상관이 있다는 말인가?"

1929년 헝가리 출신 작가 커린티 프리제시Karenthy Frigyes가 세운 '여섯 단계의 분리'라는 가설이 있다. 이 가설은 지구상의 누구라도 다섯 단계 이상의 인맥 사슬을 거치면 다른 누군가와 연결될 수 있다는 주장이다. 다시 말해, 당신이 누군가를 알고 있고 그 누군가는 또 다른 누군가를 알고 있고 …… 대충 그림이 그려지는가? 여섯 번만 소개를 받으면 당신이 만나고 싶었던 누군가와 연결될 수 있다는 이야기다.

비록 수년간에 걸쳐 실험되었으나 결코 입증되지 못했던 이론이긴 하지만 핵심은 이것이다. 만약 당신이 부서에서 재채기라도 하면 조만간 그것은 누군가에게 영향을 미친다. 누군가의 돈지갑이나 누군가의 서류 작업, 누군가의 프로세스 혹은 우선순위에 영향을 미친다는 말이다.

이런 경우를 상상해 보자. 올랜도에서 일하는 엔지니어링 관리자인 당신은 맨해튼의 심장부에 구름다리를 건설하는 프로젝트 팀을 맡기 위해 뉴욕으로 날아오라는 명령을 받았다. 당신이 뉴욕으로 가는 도중에 휴대전화가 울렸다. 상사가 말하길 구름다리 프로젝트는 잊어버리고 대신 샌디에이고 동물원으로 가라고 한다. 샌디에이고 동물원에 사는 동물들 중 20퍼센트 이상에게 필요한 새 우리를 건설하는 새로운 프로젝트의 담당자로 선정되었기 때문이다.

당신은 비행 일정을 재조정하고 부하직원들에게 새로운 임무와 일정, 필요한 물품, 직원 배정 등에 관한 변경 사항을 알리는 5분간의 음성 메일을 남기고 샌디에이고로 향한다. 당신이 샌디에이고에 도착했을 때 새로운 프로젝트를 지원하기 위해 어떤 것이 기다리고 있을지 염려스럽지 않겠는가? 갑작스럽게 변경된 임무로 인해 한 주 동안 계획되었던 다른 사람의 우선순위나 일정, 선적 화물, 지원 활동 등이 영향을 받을 것에 대해서는 어떻게 생각하는가?

상급자들은 구름다리에서 동물원으로의 변경에 상응하는 전환을 자주 실행한다. 부하직원들이나 다른 부서에게 어떤 일이 벌어지고 있는지, 왜 그런 일이 벌어지고 있는지, 어떤 영향이 미칠 것인지 알려주지도 않은 채 말이다. 하지만 리더가 방향을 전환하면서 연관된 모든 사람들과 세부 사항에 대한 커뮤니케이션을 시도한다면 직원들은 변화에 몰두하게 될 것이다.

시간적 여유가 없다

너무나 바빠서 자신의 삶을 통제하기 위한 시간관리를 시작할 시간
이 없다는 말을 많이 들어보았을 것이다. 그래서 사람들은 무질서하고
광적인 상태로 남아 있게 된다. 이와 유사한 경우로, 어떤 사람들은 너
무 바빠서 커뮤니케이션을 할 시간이 없다고 주장한다. 결과적으로 그
들은 의사소통의 부재로 인한 혼란스러움을 제거하는 데 시간을 낭비한
다. 갈등을 해소하고, 임무에 대한 오해를 명확하게 밝히고, 불분명한
문서를 다시 작성하고, 언제나 똑같은 쟁점을 비생산적 회의에서 재논
의하고, 지시를 잘못 이해해서 발생한 우선순위와 이미 때늦은 마감 기
한에 대한 책임을 전가하는 등의 일로 시간을 낭비한다는 얘기다.

부정적 반응에 대한 두려움

온 세계는 이라크 전쟁 초기 바그다드로 진격이 이루어지는 동안 이
라크의 공보 장관, 모하마드 사이드 알-사하프, 사담 후세인 이라크 대
통령의 행동과 커뮤니케이션에 관한 텔레비전 보도를 지켜보았다.

미국의 무장한 군대가 바그다드 중심부에서 20킬로미터 떨어진 사담
국제공항을 급습하고 미군이 주도하는 연합군이 깜깜한 도시로 진격하
고 있을 때, 이라크의 공보 장관은 연합군은 "바그다드 주변에 있지 않
다. 그들은 100마일 내에도 있지 않다."라고 발표했다.

나쁜 소식에 대해 이렇게 반응하는 것은 우리의 직장에서도 매일같
이 일어나는 일이다. 부정이나 기만, 당혹스러움이나 두려움은 나쁜 소

식의 전달을 지연시키는 결과로 이어진다. 비록 그 결과가 사람들을 집어삼키는 위협이라 할지라도 말이다.

여기 아주 오랫동안 사람들을 당혹스럽게 만들었던 나쁜 소식의 예가 있다. 한 거대 석유회사의 전직 기술 담당 부사장은 이런 이야기를 들려주었다.

"우리 회사에는 어떤 상관관계에도 부합하지 않는 유전이 있었습니다. 근처의 다른 유전을 시추했지만 이 유전만큼은 여전히 상관작용을 보이지 않고 있었죠. 그 유전은 지표면으로부터 반마일 정도 내려간 지점까지 구불구불 이어져 있었습니다. 회사에서는 계약서상의 기울기 각도, 즉 수직으로부터 27도 기울어진 각도를 벗어나 시추 작업을 하고 있었다는 것을 감추기 위해 시추 기록을 조작해야 했습니다. 지난 15년 동안 상황을 연구하기 위해 추가 시추를 진행하는데, 어째서 그렇게 많은 비용을 부담해야 하는지 아무도 알아내지 못했던 이유도 바로 그것이었습니다. 누군가 실수를 저질렀고 아무도 그 나쁜 소식을 전달하길 원치 않았던 것이죠."

흔히, 결정권은 리더에게 있다. 만약 나쁜 소식이 해고 통보라면 경영자는 다른 사람을 실망시키거나 혹은 분노하게 만들고 싶어 하지 않을 수도 있다. 그래서 경영자는 가능한 한 적게 그리고 나중에 말한다.

최근 세계 비즈니스 커뮤니케이터 협회The International Association of Business Communicators에서 진행한 연구에 의하면 나쁜 소식을 전달하기 위해 실제로 직접 대면 회의 방법을 사용하는 기업은 37퍼센트에 불과한 것으로 조사되었다. 기업들이 사용하는 전형적인 상투적 수법은 무엇이었을까? 이메일과 서신이 나쁜 소식을 전하는 기능을 담당하는 경우가 40퍼센트로 가장 많았다.([표 2.1] 참조)

혹자는 그런 수법이 효율적이고 신속하다고 정당화한다. 하지만 어떤 사람들은 그 수법의 동기에 대해 그리 호의적이지 않다.

표 2.1	"나쁜 소식을 전하게 되었습니다. 여기에 앉으세요."
이메일	28%
상급자와의 직접 대면 회의	19%
고위급 리더와의 직접 대면 회의	18%
경영자로부터의 공식 서신이나 메모	12%
직원 웹사이트	8%
음성 혹은 화상 회의	6%
뉴스레터	4%

단 37%의 조직에서만 직접 대면 방식을 사용해 나쁜 소식을 건하고 있었다.

출처: 세계 비즈니스 커뮤니케이터 협회

지키지 못할 약속에 따르는 위험

좋은 소식 또한 문제가 될 수 있다. 어떤 사람들은 정보를 제공하는 것을 두려워한다. 세부 사항은 위험을 포함하고 있기 때문이다. 그들은 약속하는 것을 두려워한다. 허황된 기대감을 갖게 하거나 결과에 대한 책임을 지는 것을 두려워한다.

만약 당신이 "우리는 28퍼센트의 성장률을 꾸준히 유지하고 있습니다."라고 말한 후에 그 수치가 내려가면 사람들은 그 이유를 물을 것이다. 만약 당신이 비용을 15퍼센트 절감할 것이라고 말했지만 그렇게 하지 못한다면 당신이 노력한 것 중 성과를 거두지 못한 것이 어떤 것이었는지 설명해야만 한다. 만약 당신이 건물 주변의 교통 체증을 향상시킬 방법을 조사할 예정이라고 말한다면 그들은 당신이 그것을 실행하기를 기대할 것이다.

사람들은 지키지 못할 약속보다는 아예 약속을 하지 않는 것이 더 낫다고 생각한다. 그래서 그들은 자신들에게 부담이 되는 그 어떤 종류의 예측이나 다짐 혹은 목적을 수반하는 불리한 입장에 놓이길 원치 않는 것이다.

'듣고 있습니다, 듣고 있습니다, 듣고 있습니다' 신드롬

어떤 사람들은 상대방의 질문을 제대로 듣지 않거나 상대방의 말에 귀를 기울이지 않기 때문에 불완전한 정보를 제공한다. 우리는 다른 생각에 열중해 있고, 시간에 쫓기며 자신의 계획에 대한 우선순위를 정하는 일로 분주하다. 대화는 며칠 전 내가 회계 관리자와 나눈 것처럼 칙칙 소리를 내며 지나갈 뿐이다.

나: 태풍 때문에 그 고객이 재키의 프로그램을 취소할 건가요?

관리자: 그 프로그램은 지난주에 있었잖아요. 이미 끝났습니다.

나: 만약 취소한다면 항공료를 지불하는데 고객이 동의했나요? 그 티켓은 환불이 불가능한 것입니다.

주의 깊게 듣기란 이런 것이다. 기소된 대로 유죄다. 어떤 사람들은 스스로 생각하는 기술이 부족한 경우도 있다. 복도나 회의실에서 무방비 상태로 맞닥뜨렸을 때 그들은 특정 쟁점에 대한 자신의 의견이나 질문에 대해 완전하면서 조리 있고 간결한 반응을 보이는 것이 아니라 과장되고 장황하게 떠들어댄다. 그들은 결코 말하기 전에 잠깐 멈추고, 주의를 기울여 듣고 생각하는 일을 하지 않는다.

당신이 알고 있는 모든 것을 말하라

방향의 변화는 사람들이 알아야 할 것 중 가장 중요한 것일 수도 있다. 그럼에도 불구하고, 뉴욕에 위치한 인력 공급 업체인 '허드슨 Hudson'에서 2006년 9월 1,845명의 미국 근로자들을 대상으로 실시한 연구 결과에 의하면 근로자의 절반이 전략적 혹은 조직의 변화에 관한 정보를 자신의 관리자로부터 전달 받는 경우는 거의 드물다고 대답했다. 리더가 유턴을 했는데 뒤에 따라오는 승무원들에게 아무도 그 사실을 알려주지 않았다면 심각한 문제가 발생하지 않겠는가?

그렇다면 당신이 알고 있는 모든 정보를 공유하지 않을 때 사람들이 당신의 의도를 의심하지 않도록 만드는 방법은 무엇일까? 인지는 즉각적인 것이다. 완전히 공개하든가 아니면 입을 다물든가 둘 중 하나다. 최선의 경우라 볼 수 있는 혼란 그리고 최악의 경우라 볼 수 있는 불신에 대한 해독제는 무엇인가?

의사결정의 이면에 있는 당신의 생각을 설명하라

사람들이 당신의 의사결정이나 행동에 동의하지 않을 수 있다. 하지만 적어도 그것이 무엇인지 아는 것으로 그들은 만족할 것이다. 사실은 어떤 것인가? 범위는 어떤 것인가? 정상을 참작할 수 있는 상황은 어떤 것인가? 어떤 공급자와 협력자들의 행동이 의사결정이나 마감기한에 영향을 미치는가? 누구도 통제할 수 없는 임의의 변수, 즉 와일드카드는 어떤 것인가? 확실한 것은 무엇이며 당신이 추측하는 것은 어떤 것인가? 마지막에 모든 것을 수포로 돌아가게 만들 수 있는 복잡성은 어떤 것인가?

이러한 정보가 없다면 당신의 의사결정이나 행동은 독단적인 것으로 들릴 수밖에 없다. 이론적 근거는 그것이 옳든 그르든 공정성과 정당성을 제공한다. 상세한 정보도 없이 사람들이 장기간에 걸친 임무를 받아들일 경우는 거의 드물다.

단순히 '무엇'이 아니라 '어떻게'에 초점을 맞추어라

당신이 대통령 선거에 입후보한 것이 아니라면 실행 방식에 관한 당신의 계획을 사람들에게 말하라. '가치가 더해진 서비스', '독특한 고객 경험' 혹은 '혁신적인 상품을 시장에 소개하는 일' 등을 '어떻게' 제공할 것인가에 관한 정보를 누구도 알지 못하는, 소위 '밀실의 경영Mushroom Management'는 더 이상 먹히지 않는다.

목적을 공식적으로 알리는 중요성은 단순히 '어떻게'에 대한 설명이 필요해서만은 아니다.

누군가를 평가할 때는 '어떻게'에 초점을 맞춰야 한다. 그 사람이 어떻게 좋은 점수를 받았는지에 중점을 두어야 한다는 말이다. 그렇지 않으면 무엇을 본받아야 할 지 알 수 있는 방법이 없지 않겠는가?

가치나 윤리를 공식적으로 발표하는 것 또한 '어떻게'에 초점을 맞춰 커뮤니케이션을 해야 한다. 사람들이 생각하는 훌륭한 윤리 혹은 당신이 중요하게 생각하는 가치를 어떻게 인식할 것인가? 당신은 위험을 중요하게 생각한다고 말한다. 당신의 부서에서 사람들은 어떻게 위험을 평가하는가? 어떤 것이 수용 가능한 위험인가? 비정상적 행위란 어떤 것인가? 당신은 조직에 대한 헌신에 보상을 지급한다고 말한다. 헌신의 정도를 어떻게 측정할 것인가?

분노하기보다는 연관성을 고려하라

집에 가서 가족들에게 업무의 변화와 같은 지극히 개인적이고 특정한 무언가를 정식으로 발표하고 가족들이 거기에 관련된 세부사항을 어떻게 생각하는지 살펴보라. 당신의 배우자는 업무의 책임이 늘어나는 만큼 얼마나 급여가 인상되는지 알고 싶어 할 것이다. 십대의 자녀들은 자신이 전학을 해야 하는지 알고 싶어 할 것이다. 장인 장모는 당신의 손자, 손녀들이 아주 먼 곳으로 이사 가는 것은 아닌지 궁금해 할 것이다. 당신의 회계사는 세금 계산 이후의 결과가 전보다 나아지는지 그렇지 않은지에 대해 알려 줄 것이다. 동일한 정보 혹은 '소식'이지만 듣는 사람에 따라 달라질 수 있다. 각기 다른 청중들이 당신의 일을 대신해 줄 것이라고 기대하지 않는 것이 좋다.

연관성을 가지고 있는 각기 다른 사람 혹은 그룹을 위해 정보를 해석하고 세부 사항을 번역해 줄 필요가 있다. 그들에게 당신의 정보가 정확하게 어떤 의미인지를 생각해 본 다음, 소식을 전달할 때 그 부분을 명확하게 밝혀 주어야 한다.

당신의 측정 방법에 대해 언급하라

당신이 측정하고 있는 것이 무엇이든 그것을 공유하라. 재정에 관해 잠시 이야기해 보자. 만약 당신의 회사가 주식공개회사라면 기업의 성과는 어떻게든 보고 될 것이다. 만약 그렇지 않고 비공개 회사라면 누군가는 계산을 해야 하고, 그 누군가는 친구나 동료들에게 결과를 말하고 싫은 유혹을 느낄 것이다. 사실에 근거한 수치가 공식 해명 자료에 추가되지 않았다면 수직 하강을 피할 수 없다.

드러내지 않고 은밀하게 다루어지는 수치는 전형적으로 '절대 없음'을 정당화하는 데 이용된다. '임금 인상 절대 없음'.

그 외의 다른 측정 대상에 대해서도 마찬가지다. 목적, 시간당 전화 응대 횟수, 생성된 영업 주도권, 종결된 영업, 새롭게 열린 시장, 거부당한 대표 상품, 조사된 데이터 등과 같은 측정 대상들 말이다. 당신이 수치로 측정하는 것은 그것이 무엇이든 반드시 언급해야 한다.

세부 사항이나 질문을 처리할 수 있는 담당자를 지목하라

당신은 너무 바쁘기 때문에 6만여 명의 직원들과 3,700백 명의 고객들, 420개의 공급 업체와 19개의 전략적 파트너들로부터 매일 쏟아져 나오는 이메일이나 전화 통화에 일일이 대응할 시간이 없다. 하지만 다른 누군가에게는 그럴 시간이 있을 것이다. 그 누군가에게 담당자라는 꼬리표를 붙여 주어라. 그래서 핵심적인 사항이나 쟁점에 관한 정보를 처리할 수 있도록 해주면 된다. 특히 정책의 변화 혹은 새로운 절차와 같은 중대한 발표 이후에는 더욱 그럴 필요가 있다.

첨단 기술의 그늘에 숨지 마라

오늘날에는 누구나 다른 사람과 말을 하지 않고도 비교적 정상적인 인간으로 살아갈 수 있다. 온라인을 통해 음식을 주문하고, 공과금을 납

부하고, 은행 업무도 보고, 생일 선물도 살 수 있고, 의회에 있는 당신의 대변인과도 연락할 수 있다. 하지만 나는 그것을 삶의 방식으로 권하고 싶지는 않다.

직장에서의 생활 방식으로 권할 만한 것도 물론 아니다. 열 번의 이메일을 통해 이루어질 수 있는 협상이나 확인 작업이라면 단 3분간의 전화 통화로 충분할 것이다. 가끔 전화 수화기를 집어 들거나 복도를 걸어 내려가 옆자리에 앉아 있는 동료를 방문하는 일도 필요하다는 얘기다.

나쁜 소식은 즉각적으로 전달하라

구기 종목에서 2분 전 경고가 없다면 지고 있는 팀은 마지막 경기 종료 벨이 울리기 전에 점수를 만회하기 위해 두 배의 노력을 기울일 수 있는 기회를 놓치고 말 것이다. 그대로 경기는 끝나고 결국 지고 마는 것이다. 비즈니스 커뮤니케이션도 다르지 않다. 나쁜 소식일수록 사람들은 더 빨리 알아야 할 필요가 있고, 커뮤니케이션에도 더 많은 노력을 기울여야 한다.

한 고객사의 운영 감독관은 자사의 디자인 센터 입주와 관련해 발생했던 문제를 이렇게 기억한다. "새로운 디자인 센터를 설계할 때 우리는 광범위하고 다양한 압축 가스를 보관할 수 있는 공간을 반드시 염두에 둡니다. 실험실에서 사용하는 질소나 헬륨과 같은 가스들 말입니다. 그

가스들을 필요로 하는 일곱 단계의 처리 과정에 대한 책임을 맡고 있던 직원도 별도로 있었습니다. 입주를 한두 달쯤 앞두고 가스 저장실에 관한 부분을 확인하기 위해 설계도를 검토했는데 특수 가스를 위한 공간은 설계도 어디에도 없었습니다. 난 설계도상에 실수가 있었던 것이라 생각했죠. 그래서 책임을 맡고 있던 담당자를 불러 이 연구실 공간에 특수 가스 저장실이 없다는 것을 알고 있는지 물어보았습니다.

"그 직원은 '네, 알고 있습니다'라고 대답하더군요. 그것도 아주 사무적으로 말입니다. 지난 다섯 달 동안 줄곧 그 사실을 알고 있었다는 이야깁니다. 그럼에도 불구하고 그 담당자는 입주가 코앞에 닥칠 때까지 기다렸다가 '이런, 문제가 생겼네. 지금 입주할 수 없겠는데요. 가스 저장실이 없다는 사실을 방금 알게 되었거든요.'라고 말하는 쪽을 선택한 것입니다. 누군가가 자신에게 화를 낼 것이 드려웠던 것이죠. 만약 다섯 달 전에 그 사실을 알았더라면 그 즉시 필요한 조치를 취했을 겁니다. 하지만 그땐 이미 예정된 입주일자까지 두 달 박에 남아 있지 않았고 서둘러 조치를 취한다고 해도 적어도 석 달은 족히 소요되어야 했습니다. 그 모든 것이 누군가에게 말하는 것을 두려워했던 결과로 일어난 일이죠."

나쁜 소식을 전달하는 일이 당신을 직장에서 해고시키는 결과를 가져온다면 이렇게 생각해 보라.

다음 단계에 초점을 맞추는 것이다. 당신이 취한 행동 혹은 행동하지 않는 결과로 문제가 발생했다면 그 시점까지 상황을 바로잡기 위해 당신이 해 온 일은 어떤 것인지, 그 다음 단계로 필요한 선택 사항에는 어떤 것이 있다고 생각하는지 설명해 주어라. 다시 말해, 문제점을 늘어놓는 대신 대안을 제공하는 것이다. "나는 지금 중대한 문제점에 대해 조언을 제공하고 있는 것입니다. 나의 생각은 이런 것이며 문제 해결 방법은 이런 것이라고 생각합니다. 계속 진행하기 위해서는 당신의 의견이 필요합니다." 이렇게 말이다.

당신이 가진 자아의 힘을 공유하는 것이다. 당신에게 주어진 책임을 회피하지 마라. 사람들이 당신에게 화를 내는 것을 당연하게 받아들여야 한다. 나쁜 소식을 전달하는 사람에게 분노를 표출하는 것은 인간의 자연스러운 본성이다. 상대방의 주의를 문제 혹은 쟁점 그리고 해결책에 집중하도록 노력해야 한다.

나쁜 소식은 결국 나쁜 소식일 뿐이다. 그것이 조직의 계층 구조를 거슬러 올라가든, 내려가든 혹은 측면으로 전달되든 상관없이 말이다. 2분 전 경고를 활용한다면 나쁜 소식이 가진 파괴력을 경감시킬 수 있는 기회가 주어질 것이다. 아무런 경고도 없이 나쁜 소식을 전달한다면 그 결과는 실로 혹독한 것이다.

정직한 방법으로 긍정을 이끌어라

'전화위복'이라는 말이 상투어구가 된 데에는 그만한 이유가 있다. 그러나 나쁜 소식을 전달하는 상황에서 심사숙고의 과정도 없이 진실이 외면당해서는 안 된다. 만약 당신의 부하직원들이 '컵에 물이 반 밖에 없다.'라고 생각한다면 당신은 그들이 '컵에 물이 반이나 있다.'라고 생각할 수 있도록 도와야할 권한과 의무를 가지고 있다.

완전한 진실을 숨기기보다는 저항할 수 없는 방법으로 모든 사실을 제공하여 당신의 실행 계획을 납득시키는 편이 낫다. 좋은 예로, 경험이 풍부한 한 최고경영자의 행동을 들 수 있다. 첨단산업 분야에 있는 기업의 경영 주도권을 잡은 직후, 그 최고경영자는 위태로운 상태에 빠져 있는 회사를 상대로 임금 동결을 발표했다. 회사의 수익 구조를 면밀히 검토한 결과 그는 전임자가 눈에 띄는 개선과 연구 개발, 마케팅 노력의 대가로 연봉과 보너스의 인상을 승인했던 사실에 점점 더 주목하게 되었다. 그 결과 회사는 경쟁에서 뒤처지고 업계 순위도 뒤로 밀려나게 되었다. 동종 업계에 대한 임금 수준 조사 결과와 경쟁업체의 가격, 과거의 연구개발 예산, 중단된 프로젝트 등에 관한 자료들을 갖춘 후 그는 직원들 앞에 사실을 열거했다. 그리고는 이런 방식으로 요약했다.

"업계 표준에 의하면 우리 회사의 모든 직원들이 과다한 임금을 받고 있습니다. 좋은 소식은 회사가 임금을 삭감하지 않는다는 것입니다. 나쁜 소식은 향후 3년 간 더 이상의 임금 인상이 없다는 것입니다. 보너스는 철저히 업무 성과와 기여도에 준하여 지급될 것입니다. 회사로서는 다른 방법이 없으며, 계속 이런 식으로 나가다간 앞으로 5년이면 우리 모두가 실업자가 되고 말 것입니다. 여기 이 사실들을 직접 확인해 보십시오. 제가 드린 정보에서 결점을 찾을 수 있다면 지적해 보십시오. 이런 의사결정 이면에 있는 원인에 대해 이야기해 봅시다. 나에게 어떤 질문이든 해 보십시오."

사람들은 질문을 할 것이다. 하지만 과거에는 제공된 적이 없었던 완전한 정보와 미래에 관한 단도직입적인 설명으로 그 최고경영자는 직원들의 신뢰를 얻을 수 있었고 결국 자신의 계획을 받아들이도록 만들었다. 오늘날 그 회사의 직원들은 '컵에 물이 4분의 3이나 차 있다.'라고 생각한다.

부정적인 소식은 담아둘 시간이 없다. 명확한 실행 계획과 함께 긍정적인 생각의 틀 안에서 사실을 즉각적으로 알려야 할 때다.

위기 대처 방안을 개발하라

위기가 닥친 이후에 길거리 인터뷰를 유심히 들어보라. 자연 재해나 전국적 규모의 정전, 테러리스트의 공격 혹은 컴퓨터 해커들에 의한 회사의 기밀 정보 도난과 같은 위기 말이다. 기자가 부사장에게 이렇게 질문한다. "이 상황을 정상적으로 되돌려 놓을 수 있는 대비책이 있습니까?" 그러면 부사장은 이렇게 대답한다.

"글쎄요. 지금까지 우리는 다만 운이 좋았던 것이라고 생각합니다." 그리고 부사장은 평소 비상사태에 대한 대비책이 얼마나 부족했는지 설명하기 시작한다. "설마 이런 일이 우리 회사에서 일어날 것이라곤 생각하지 못했습니다."

위기는 어디서든 발생할 수 있다. 그것이 어떤 위기든 당신이 있는 바로 그곳에서도 말이다. 그러니 위기가 닥치기 '이전에' 대처 방안이 준비되어야 하고 알아야 할 모든 사람과 상세한 내용에 대한 커뮤니케이션이 이루어져야 한다.

나는 오직 한 사람의 책임 하에 맨해튼 전체의 전기 공급을 중단시키는 위기를 말하는 것이 아니다. 당신이 일하고 있는 건물에 정전이 되었을 때 고객에게 전달될 보고서와 제안서를 재생산 할 수 있을 정도의 대비책을 말하고 있는 것이다. 테러리스트의 공격을 받은 비행기를 이란에서 착륙시키는 어마어마한 위기가 아니라, 경쟁사에서 거래를 성사시키기 위해 20퍼센트 할인가격을 제공했을 때 고객의 프로젝트를 안전하게 우리 손에 내려놓을 수 있는 대안에 관해 말하는 것이다. 로스앤젤레스 전체의 식수가 독극물에 오염된 위기를 말하는 것이 아니라, 건물이 물에 잠겼음에도 불구하고 직원들은 업무를 수행해야만 하는 위기를 말하는 것이다.

위기는 매주 발생한다. 전용 제트기의 추락으로 인해 다수의 고위경영진이 한꺼번에 사망하는 위기, 핵심 인재의 퇴사, 주요 공급 업체의 부도, 시내를 초토화시킨 태풍. 중대한 위기 상황이라면 다음과 같은 핵심 사안을 고려해 볼 필요가 있다.

- '무소식'도 소식이라는 점을 기억하라. 직원들에게 각자 음성사서함을 개설하고 수시로 확인하도록 한다. 비록 새롭게 갱신된 내용이 "아무런 변화가 없습니다."일지라도 말이다.

- 비록 아무런 원인이나 결단이 없다고 할지라도 현재 조사 중이거나 고려하고 있는 사항에 대해 알려 주어라. ("현재 조사 중인 사안은 이

런 것입니다.", "현재까지 발견한 사실들은 이렇습니다.", "상황이 급
격하게 변화하고 있습니다. 우리가 지금 할 수 있는 조치는 이런 것입
니다. 하지만 이것도 8시간 내에 바뀔 수도 있습니다.")

- 인내심을 가져 달라고 요청하라. 인내심은 상식적인 것이지만 비상사
  태에서는 여지없이 짓밟히는 것도 그것이다.

- 공급 업체들과 협력 업체들에게 최신 정보를 지속적으로 제공하여 그
  들이 문제점의 일부가 아니라 해결책의 일부가 되도록 만들어라.

- 실제로 필요한 상황이 발생하기 전에 비상사태에 대비한 지원 계획과
  물류에 관해 커뮤니케이션을 하라.

- 위기가 경미하거나 일상적인 것이라면 감사하라.

습관적으로 커뮤니케이션 하라

습관처럼 길들여야 한다. 빈번하게, 습관적으로, 체계적으로 커뮤니
케이션 해야 한다. 자신에게 맞는 시스템을 구축하고 커뮤니케이션의 통
로와 구조, 일정표를 갖추어라.

복도에서 나누는 비공식적인 잡담, 노변 환담, 높은 분들의 공장 시
찰, 교대 근무 조 간의 아침 회의, 각 팀 리더들 간의 일대일 미팅, 화장
실에 있는 게시판, 매주 열리는 음성 혹은 화상 회의, 매월 갖는 평사원
회의, 회사 혹은 부서 내의 뉴스레터, 월급명세서에 끼워 전달하는 안내
장, 점심시간 전후의 요란한 이메일, 인트라넷 상에서 이루어지는 채팅,
질문을 전달할 수 있는 직통 전화, 처남이 만든 블로그, 여동생에게 보내

는 일방적인 음성메일, 어떤 것이든 좋다. 다만 정기적인 커뮤니케이션이어야 한다.

결코 오류를 두려워하지 마라

종종 리더들은 이런 말을 하면 자신감을 주입시킬 수 있다고 생각한다. "우리가 상황을 제압하고 있습니다.", "모든 것이 잘 되고 있습니다.", "걱정하지 마십시오. 우리가 맡아서 처리하고 있는 중입니다."

하지만 신뢰와 헌신은 자신이 직접 그 상황에 연루되었다고 느낄 때 우러나는 것이다. 하지만 자신감을 주입시키고자 했던 발언들이 거짓이라고 판명되면 신뢰도는 순식간에 곤두박질 친다. 당신도 얼마든지 오류를 범할 수 있다는 가능성을 내포한 언어를 사용한 개방적인 커뮤니케이션을 고려해 보라.

> 마지못해 당신의 실수를 인정해야 할 때 약간의 겸손함과 정직함을 곁들이면 훨씬 쉬워진다. 게다가 사람들은 당신이 그런 굴욕을 삼키다가 목에 걸려 괴로워하는 모습을 그리 재미있다고 생각하지 않을 것이다.

- "지금 상황을 충분히 인지하고 있으며 지켜보고 있습니다."
- "이 상황은 우리의 레이더망에 들어와 있으며 가까이에서 주시하고 있습니다."
- "이 상황에서 내가 생각하는 최선의 대책과 그 이유는 이런 것입니다."
- "이 쟁점에 관한 나의 입장은 이런 것이며 데이터에 의하면 ……."

- "이와 같은 상황에서의 의사 결정 요인은 이런 것이어야 합니다."
- "내가 상사에게 제안할 방안은 이것입니다. 그 이유는 ……."
- "우리는 세 가지 대안을 고려해 보았습니다. 지금 그 세 가지 대안에 대해 설명을 드리고자 합니다. 우리가 첫 번째 대안을 선택한 이유를 여러분들도 이해할 수 있으리라 생각합니다."

마지못해 당신의 실수를 인정해야 할 때 약간의 겸손함과 정직함을 곁들이면 훨씬 쉬워진다. 게다가 사람들은 당신이 그런 굴욕을 삼키다가 목에 걸려 괴로워하는 모습을 그리 재미있다고 생각하지 않을 것이다.

제3장

단순한 말을 반복해서 사용하라

커뮤니케이션의 명확성

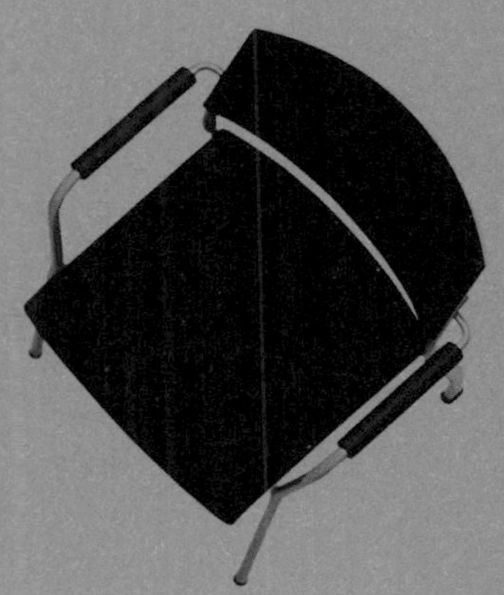

대단히 많은 사람들은 어려운 단어를 사용하는 것이 높은 지적
수준을 나타낸다고 생각한다.

–바바라 월터스

"당신은 이제 원하는 시간에 원하는 장소로 마음대로 갈 수 없습니다." 애리조나 주 연방 교도소의 교도관이 곧 출옥을 앞둔 가석방 대상자에게 이렇게 설명했다. "당신은 가석방 감시원이 당신의 위치를 확인할 수 있도록 해 주는 전자 팔찌를 착용하게 될 것입니다. 오전 7시부터 오후 6시 사이에는 직장에 가기 위해 집을 떠나는 것이 허용됩니다. 그 외에는 집을 떠날 수 있는 기회가 극히 제한됩니다. 이해하셨습니까?"

"네. 그런데 나에게 허용된 극히 제한된 기회라는 건 어떤 기회인가요?" 가석방자가 물었다.

당신이 참석하는 회의에서도 교도관의 말처럼 명확하지 않은 커뮤니케이션을 종종 목격할 수 있을지 모른다. 글과 말의 혼란 상태는 도처에서 수면위로 떠오른다. 혼란스러운 진술이나 잘못 사용된 단어, 명확하지 않은 가정, 유효하지 않은 결론, 넌지시 둘러서 하는 완곡한 표현, 또는 언어적 표현을 거부하는 비언어적 신호 등에 따라서 성공적인 커뮤니케이션 또는 비극적 결말이 될 수 있다

우리는 모두 자신이 명확한 커뮤니케이터라고 '생각'한다. 그렇지 않

다면 내가 이런 글을 쓸 이유도 없었을 것이다. 그렇다면 문제점은 무엇이며 성공적인 커뮤니케이션을 보장하는 안전장치는 무엇인가?

상대의 신호에 주목하라

'당신의 책을 출판하라.'라는 워크숍을 진행한 적이 있었다. 그때 나는 참가자들에게 출판사에 제안서로 제출하기 위한 각자의 책에 대한 아이디어를 만들어 내도록 했다. 참가자 중 한 사람이었던 수전이 자신의 책에 대한 생각을 나머지 참가자들에게 '발표'할 차례였다. 수전이 '발표'를 마치자, 사람들 사이에는 완전한 침묵이 흘렀다. 아무도 어떤 말도 하지 않았다. 마침내 누군가 말했다. "이해를 못하겠어요. 상세하게 말씀해 주실 수 있을까요?" 수전은 기꺼이 다시 설명했다. 5분 동안 말이다. 그러자 사람들이 점차 수전의 책에 대한 발표 내용을 '이해'하게 되었고 그 다음 10분 동안 아주 흥미로운 피드백을 제공했다.

그러나 한편으로는 아주 이상한 일이 있었다. 세미나가 끝날 때까지 수전은 자신이 처음에 사용했던 문구를 계속 사용했다. 처음 사람들이 보여주었던 그 집단적인 멍한 시선에 맞닥뜨린 이후였는데도 말이다. 수전은 자신이 작성한 문구가 명확하지 않다는 사실을 깨닫지 못하고 있는 것 같았다. 만약 아무도 '이해'하지 못했다면 처음 표현했던 자신의 발표 내용을 수정했어야 옳다.

똑같은 일은 직장에서도 일어난다. 상사가 보고서의 초안을 작성한 다음 비서에게 교정을 보도록 했다. 보고서 초안을 읽은 비서가 보고서의 일부분에 표시를 하고는 이렇게 말했다. "이 부분은 무슨 뜻인지 모르겠습니다." 상사가 대답했다. "아, 그건 전문적인 거야. 변호사들은 분명히 이해할 수 있을 거야." 그로부터 2주일 후 변호사들이 보고서를 수정해 줄 것을 요청해 왔다. 비서가 지적했던 것과 동일한 부분을 말이다.

나는 이런 장면을 수도 없이 목격해 왔다. 사람들은 혼란이란 언제나 상대방 쪽에서 일어난다고 추측한다. 자신이 말한 것은 완벽하게 명확한데 '상대방'이 어떤 이유에서인지 이해하기 못하는 것이라고 말이다. 자신의 명확성을 판단하는 보다 나은 잣대는 바로 '멍한 시선에 주의를 기울이는 것'이다.

당신이 제대로 의미를 전달하고 있지 않다는 것을 알려주는 추가적인 신호가 필요하다면 이런 것을 고려해 보라.

- 질문의 부족. (프레젠테이션이 끝난 후 아무런 질문도 없다. 혹은 회의 중에 아이디어를 냈는데 돌아오는 반응이 예의상 짓는 미소뿐이다.)
- 예상치 못한 반응. (사람들이 당신이 한 말에 대허 비이성적인 반응을 보인다. 예를 들면, 분노 혹은 기피, 침묵 혹은 부정 등의 반응이다.)
- 협조의 부족. (프로젝트를 통합, 조정하는 과정에서 '누구도 책임지지 않는 상황'으로 빠진다.)
- 같은 업무의 반복. (최초의 지시 사항이 덕확하지 않았기 때문에 프로

젝트를 처음부터 다시 시작해야 한다. 혹은 무엇이 필요한지 모르는 사람이 발생해서, '만일의 경우를 대비해', '만반의 준비'를 하기 위해 추가 작업까지 모두 완결했다.)

- 낮은 사기. (사람들은 자신들이 결코 '제대로 해내지 못할 것'이라는 생각에 의기소침해 한다. 실제로, 성공적인 완료에 필수적 요소가 없음에도 불구하고 프로젝트가 위임되는 일이 흔히 발생한다.)

명확성을 확보하기 위한 객관적인 측정 기준이 필요하다. 많은 조직에서 정기적으로 자신의 '체온'을 측정해주는 여론조사 기구에 돈을 지불하는 것도 바로 그 때문이다. 리더에게 그들이 얼마나 커뮤니케이션을 잘 하고 있는지 알려 주기 위해서 말이다.

최근 세계적인 전문 서비스 업체인 '타워스 페린Towers Perrin'에서 진행한 커뮤니케이션 효율성 컨소시엄의 결과는, 63퍼센트에 해당하는 직원들이 자신의 리더가 조직의 목적에 관해 효율적으로 커뮤니케이션하고 있다고 응답한 사실을 보여준다.

하지만 37퍼센트는 여전히 그렇게 느끼지 못하고 있다는 의미도 된다. 여기에서 리더란 고위관리자를 말한다. 메시지를 형성하고 전달하는 데 도움이 되는 지원을 받을 수 있고 또 첨단기술에 접근할 수도 있는 고위관리자 말이다. 조직의 계급 체계에서 보다 낮은 위치에 있는 관리자와 상급자들은 자신의 메시지를 만드는 데 필요한 도움을 얻기가 상대적으로 어렵다. 그럼에도 불구하고 그들과 그들의 직속상관 사이에서 이루어지는 커뮤니케이션은 일상 업무에서 가장 중요한 부분을 차지한다.

만약 당신이 프로젝트 팀이나 위원회, 그 이외 다른 집단의 리더이긴 하지만 공식적인 직함이 없다면, 메시지를 전달하는 데 필요한 지원이나 상담, 기술, 예산 등에 접근할 기회가 더더욱 줄어들게 된다. 그럼에도 주변 사람들의 의견을 조율하는 담당자이자 리더인 당신의 커뮤니케이션 능력은 일상 업무를 성공적으로 수행하는데 중대한 요소가 된다.

누구나 자신이 얼마나 명확하게 커뮤니케이션하고 있는지 측정해야만 한다. 가장 기본적인 질문은 바로 "사람들이 제대로 알아들었는가?"다. 그들이 목적에 대해, 즉 '특정한 안건에 대한 내용과 이유와 과정을 제대로 이해했는가.' 하는 점 말이다.

애매모호한 메시지

명확한 메시지는 명확한 문장에서 출발한다. 명확한 문장은 명확한 행동으로 이어진다. 애매모호한 문장은 애매모호한 행동 혹은 아무런 행동이 없는 결과로 나타나게 된다.

수년간 수집한 문서들로부터 발췌한 인용문 몇 가지를 아래에 소개한다. 상당한 고등 교육을 받은 사람이 쓴 글이다.

"업무 운영에 사용 가능한 장비를 활용하는 효율성은 생산성에 영향을
미치는 요소입니다."

번역문: "만약 당신에게 주어진 장비를 효율적으로 사용한다면 보다
많은 일을 할 수 있을 것입니다."

알고 보면 그렇게 심오한 내용이 아닌 것이다.

"현재 B 부서의 인원수는 현재 수준의 수익률을 지원하기 위한 요건을
초과하는 숫자입니다. 그리고 1인당 수익은 매년 15퍼센트씩 감소하고
있습니다. 그럼에도 불구하고 이러한 인원수는 사전에 계획되지 않은
휴가와 교육 일정에 활용되고 있습니다. 이렇게 간접적 행위에 초과적
인 직접 인력을 활용하는 경우가 점차 증가한 것은 계획 대비 성과의 마
진율이 줄어들고 있는 현상에 대한 주요 요인인 것으로 보입니다. 우리
는 면제 시간 보고와 멀리 떨어진 현장에서 부분적으로 활용되는 인력,
회계 상의 쟁점, 마진율 예측에 대한 지시 등 해결되어야 할 다른 운영상
의 문제가 있다는 사실에 주의를 기울여야 합니다. 수익 증대에 대한 계
획이 없다면 인건비가 점진적으로 증대된다 하더라도 기간 비용의 증가
와 더 나아가 마진을 감소할 수 있는 방법이 될 수는 없습니다."

번역문: "B 부서의 프로젝트에 대한 수익률이 이번 분기에 15퍼센트
감소했습니다. 그 이유는 인건비가 증가했기 때문입니다. 그러나 면제
시간 보고나 멀리 떨어진 곳의 인력 수급, 회계 절차, 초기 예측에 대한

당신이 거래하고 있는 은행이나 신용카드 회사에서 사용하는 문장에
서도 이런 사례를 쉽게 찾을 수 있다.

"연속적인 12개월의 청구 순환 시기"
번역문 : "향후 12개월"

어째서 사람들은 단순한 메시지를 혼란스럽게 만드는 것일까? 거기
에는 몇 가지 이유가 있다.

전문가에 대한 그릇된 인식

아래는 최근 우리 회사의 회계 부서에서 접수된 이력서의 커버 레터
에서 발췌한 문장들이다.

첫 번째 지원자 : "귀사가 구인 광고를 통해 나열한 지원자의 자격 요건
들을 고려해 볼 때, 저의 다양한 경험은 제가 지금까지 한 가지 이상의
산업 분야에서 다수의 기능적 부분에 걸쳐 매우 성공적으로 수행해 오
고 있는 광범위한 기술과 책임을 포함하고 있다고 생각합니다. 만약 귀
사에서 찾는 인재가 양심적이면서도 단호한 협력자라면 저에게 인터뷰

기회를 주실 것을 고려해 주십시오. 귀사에 대한 저의 관심도와 적합성을 전달할 수 있는 자리가 될 것입니다."

두 번째 지원자 : "저는 자영업을 하는 공인 회계사이며 중소 규모의 회사를 고객으로 두고 있습니다. 『댈러스 모닝 뉴스』지에 명시된 귀사의 회계 부서 직무를 수행하는데 저의 다양한 업계 경력이 큰 보탬이 되리라 생각합니다. 직접 만나 뵙고 논의할 수 있는 기회가 있기를 바랍니다."

지난 26년간 컨설팅 회사를 운영해오면서 프레젠테이션과 워크숍을 통해 내가 알게 된 것은, 일부 사람들이 긴 문장과 그럴싸한 단어를 줄줄이 엮어 놓으면 자신이 보다 '전문가'처럼 보인다고 생각한다는 점이다. 그런 사람들을 보면 나는 이런 생각이 든다. 도대체 누구보다 전문가답다는 말인가? 적어도 내가 아는 어떤 전문 작가 혹은 연설가보다는 아닐 것이다.

잘못된 샘플

상사가 업무를 지시하면(문서, 프레젠테이션, 연설 등) 부하직원들이 전형적으로 그리고 종종 제일 먼저 하게 되는 일이 참고할 샘플을 찾아보는 것이다. 잘못된 샘플은 도처에 존재한다. 누군가가 어떤 샘플을 적극적으로 소개한다고 해서, 메시지가 처음부터 명확했다거나 쉽게 따라할 수 있는 형식이라거나 문서내용이 실용화되었다거나 또는 그 샘플을 사용한 사람의 주장이 다른 사람들의 마음을 변화시켰다고 믿어서는 안 된다.

업무의 중요성 부각시키기

사람들은 일상적인 업무에서 의미를 창출하기 위해 전문 용어를 사용한다. 마치 요리사가 질긴 티본스테이크에 풍미를 곁들이기 위해 스테이크 소스를 사용하는 것처럼 말이다. 병원의 간호사들은 더 이상 병실을 돌면서 '약을 나눠주는 것'이 아니라 '약제를 배급하는 것'이다. 경찰은 '용의자를 차에서 끌어내는' 대신 '그들이 타고 있던 차량으로부터 하차시킨'다. IT 전문가는 "DVD를 한 장 굽는다."라고 말할 수도 있고 "디지털 비디오디스크에 불필요한 파일을 저장하기 위해 주변장치인 드라이브를 사용한다."라고 말할 수도 있다. 웹 마스터는 당신에게 웹사이트의 내용이 변경되었다고 알려줄 수도 있고 "브라우저상의 대체 메시지를 보여주기 위해 HTML 소스 코드가 조정되었다."라고 말할 수도 있다.

사실, 직장에서 전문 용어들이 반복적으로 사용되는 것은 영화 「배트맨 리턴스」의 한 장면을 떠오르게 한다. 배트맨 복장을 한 브루스 웨인이 독가스에 노출된 후에 웨인 엔터프라이즈의 과학자 중 한 명인 미스터 폭스가 그를 구출하러 오는 장면 말이다.

미스터 폭스: 단백질 기반 촉매에서 수용기 복합체를 고립시키는 방법으로 당신의 혈액을 분석했습니다.

브루스 웨인: 내가 그런 말을 모두 이해해야 하는 건가?

미스터 폭스: 절대 그럴 필요는 없습니다. 다만 그게 얼마나 '힘든' 일이었는지 당신이 알아주길 바랄 뿐입니다.

대개는 그것이 '얼마나 힘든 일이었는지' 알고 싶어 할 사람이 있다손 치더라도, 그 사람은 당신이 누구나 알아들을 수 있는 쉬운 말로 설명해 주는 쪽을 더 선호할 것이다.

위선과 불성실함

만약 내가 결혼식의 하객으로 초청되었다면 청첩장에서 이런 문구를 읽기를 기대할 것이다. "도미니크 파텔 부부가 딸의 결혼식에 당신을 초청합니다. 결혼식은 9월 9일 오후 4시이며 신부는 우리 딸 크리스티 리, 신랑은 페리 투베인입니다. 부디 참석하시어 자리를 빛내 주시기 바랍니다."

하지만 부서의 기획 회의에 참석하라는 이메일에서 그런 구문을 읽기를 기대하지는 않는다. 보통 그런 이메일에는 이렇게 쓰여 있다. "주어진 역할의 한계 내에서 그리고 미래 성장의 기능적 영역 목표 외에서 우리의 가시성 향상을 가능하게 만들어준 기회에 반응하는 역량을 강화하기 위해 고안된 전략적 행동방안에 관해 논의하게 될 것입니다." 이메일로 전달된 이런 구문은 거짓말처럼 들린다.

주제에 대한 무지

만약 당신이 스스로 무엇에 대해 말하는지도 모르면서 애매모호한 말들만 늘어놓는다면 질문을 할 수 있을 정도로 당신의 설명을 충분히 이해할 수 있는 사람은 아무도 없을 것이다. 에너지 기업의 IT 부서에 있는 한 고객은 소프트웨어 문서 작업을 위해 외주 업체를 고용할 때 이 부분을 핵심적인 차별 요소로 사용하고 있다고 설명한다. "우리 회사의 내부 프로그램을 숙지하고 한두 페이지 분량의 문서를 누구나 이해할 수 있는 문장으로 작성해서 제출하는 업체라면, 그들이 우리 프로그램을 제대로 파악한 것이라고 간주합니다. 하지만 한두 페이지 분량의 견본 문서를 요청했는데 전문 용어들로 가득 찬 문장을 보내온다면, 그 업체는 자신들이 무슨 일을 하게 될지 전혀 모른다고 볼 수 있습니다."

위협의 수단

당신은 변호사에게 법률 상담을 받고 그들이 제공하는 답변에 호되게 당한 적이 있는가? 다시 말해, 변호사가 마치 사법고시에 응시할 준비가 되어 있는 대학원생들에게 강의를 하듯이 답변을 줄줄 읽어 내려가지는 않았는가 말이다. 그 답변을 들은 후에 두 번째 질문을 한 적이 있는가? 많은 사람들이 그렇게 하지 않는다. 그리고 그것이 바로 전문 용어 사용의 이면, 즉 위협의 도구로 사용되는 전문 용어다. 말하자면 이런 것이다. "내가 당신을 설득할 수 없지만 당신의 판단을 흐리게 할 수 있다. 그러면 당신은 내가 도대체 무슨 말을 하는지 전혀 이해하지 못할 것이다."

누구나 이해할 수 있는 말을 사용하라

만약 혀끝에서 문장이 술술 흘어 나온다면 당장 입을 다물어라. 그런 문장은 상투어구로 간주해도 좋다. 아마도 너무 많이 사용한 나머지 이미 오래전에 그 의미를 잃어버린 문장일 것이다. 그 대신 독창성과 특이성(독특함)을 목표로 삼는 편이 낫다. 초보자들이라면 아래 목록이 도움이 될 것이다. 명확한 커뮤니케이터이면서 동시에 정직한 사람이라는 이미지를 손상시키고 메시지를 애매모호하게 만들어 버리는 관료주의적 전문 용어 목록이 바로 이런 것이다.

> 아이디어가 사소한 것일수록 더 그럴듯한 문구를 사용하여 표현한다는 것을 알고 있는가?
>
> – 익명

- 간단한 일 (나만큼 명확하게 상황을 이해하지 못한다면 당신은 경쟁에서 도태된다는 의미로 해석해도 좋다.)

- 개선 (전력을 다하기에는 너무나 사소하지만 성가시게 권유할 만한 가치는 있다.)

- 가치 첨가 (고객이 돈을 지불할 정도의 가치를 느끼지 못하기 때문에 비용을 청구할 수 없는 모든 것.)

- 가치 제안 (어떤 것이 먹히는지 알아보기 위해 서로 다른 상투적인 행위를 제안하는 것.)

- 인센티브 (돈이나 경품, 쿠폰 등으로 사람들을 자극하는 것. 자기 의

지로 내키지 않는 일을 하도록 만들기 위해 필요한 수단.)

- **핵심 역량** (핵심 무능력의 반대 의미?)

- **이니셔티브** (아주 오래전에는 목적과 계획으로 불리던 것이다.)

- **사고의 리더** (생각이 없는 저능아들을 이끄는 사람의 반대말?)

- **최적화** (무언가를 지속적으로 보다 나은 상태로 만드는 것. 요리나 비행, 사랑 나누기, 스텔스 미사일 제조, 영화 제작, 고층 빌딩 건축, 투표 개표하기, 화장하기, 바다거북 기록 만들기 등과 같은 것이다.)

- **솔루션** (이미 전 세계의 기업들이 제공하고 있는 모든 상품이나 서비스의 이면에 감춰진 수학적 증거.)

- **정렬** (목적 달성을 위해 실력을 시험하는 장소가 아닌 곳을 식별하는 행위. 자신의 실력과 나란히 평행선을 유지하는 장소를 규명하는 것을 의미한다.)

- **배달 가능한** (신문배달부들은 자전거에 이것을 싣고 다녔다.)

- **적정화** (노드스톰 백화점에서는 판매하는 옷의 가격이 충분히 비쌀 때 무료로 이것을 실행한다.)

- **윤리적 투명성** (발각되거나 투옥되지 않고는 두언가를 모면할 길이 없다고 판단될 때 사용하는 것.)

- **강한 영향력** (정신적, 심적, 금전적, 감정적, 언어적으로 강한 타격을 줄 수 있는 잠재력으로 가득 차 있는 것을 의미하는 신조어.)

- **강건한** (뚱뚱한, 부유한, 값비싼, 복잡한, 건강한, 의미심장한, 깊은, 혈기왕성한 등과 같은 의미. 사람에게 사용될 수도 있고 철학이나 기

술, 장비, 교육, 전략, 음식, 종교, 연구, 식물, 약물, 전구, 웃음소리, 맥주 등에도 사용될 수 있다.)

- 브랜딩 (잃어버리거나 도둑맞지 않기 위해 살아 있는 가축에 표시를 남기는 것. 수년 간 팔리지 않고 재고목록에 남아 있는 팔다 남은 물건에 '새로운 모양과 느낌'으로 표시를 남겨 다시 시장으로 나갈 수 있도록 하는 일.)
- 방법론 (보다 원시적인 시대에는 '방법' 혹은 어떤 것을 하는 방식이라는 의미였다.)
- 테크놀로지 (아직 발견되지 않은 저승의 마법.)
- 주파수 대역폭 (어떤 것이든 한계를 지정하고 싶을 때 사용한다. 예를 들면, "그것은 우리 능력 밖의 일입니다.")
- 균일한 (어디까지가 내 일의 끝이고 어디서부터 당신 일이 시작되는지 알 수 없으니 필요하다면 책임을 전가할 수 있다는 의미.)
- 플랫폼 (모든 시스템과 사람, 브랜드, 철학을 지지하는 수평의 구조물.)

모든 문서마다, 모든 단락마다 끊임없이 이런 전문 용어들을 꿰어 놓는다면 밋밋하고 무의미한 커뮤니케이션이 되어 버릴 것이다. 『포춘』지 선정 10대 기업의 연례 보고서에서 발췌한 문구들을 보고 당신을 깊이 생각하게 만드는 문구가 있는지 살펴보라.

우리 업계는 지속적으로 진화하고 있습니다. 업계는 세계 경제의 확장과 더불어 세계화의 길을 걸어 왔습니다. 협력자와 경쟁자가 바뀌었습니다. 새로운 기회는 보다 크고, 보다 자본 집약적이며 종종 동떨어진 혹은 물리적으로 힘겨운 환경 속에 있습니다. 비즈니스 사이클은 불안정하지만 우리의 장기 전망은 변함없는 방향을 제공해 주고 있습니다. 마지막으로 기술은 세계 에너지 위기 상황에서 우리가 채택하고 있는 방법과 우리가 획득한 결과를 개선시켜 왔습니다.

여기에서 뜻밖의 새로운 사실을 발견하였는가? 특별한 것은 아무것도 없다. 어떤 에너지 기업에서도 사용할 수 있는 문구다. '에너지'라는 단어만 뺀다면 어떤 기업의 연례 보고서에도 끼워 넣을 수 있을 만한 문구다. 관료적이고 밋밋하고 따분하다. 닫힌 문 뒤에서 그들은 도대체 무엇을 하고 있단 말인가? 이런 문구를 읽는 주주들은 숨바꼭질을 하듯 도대체 그들은 어디에서 어떤 일을 하고 있는지 궁금해 할 것이다.

결정적 어구로 시작하라

정유회사 '옥시덴탈 페트롤륨Occidental Petroleum'의 자회사에서 전직 고위관리자로 일했던 마이크 더피Mike Duffy는 이 원칙을 힘겹게 배운 사람이다. 회사가 인수된 이후의 과도기적 시기에 그의 팀은 특수 프로젝트를 위한 예산 승인이 지연되는 것을 경험했다. 그 중 송유관 보수 작업은 상당한 위험 수준에 이르러 있다고 생각하고 있었다. 인수된 부서의 운영 담당 부사장은 6개월 동안 끊임없이 송유관 수리를 위한 비용 예산을 승인해 줄 것을 요청하는 메모를 써야만 했다. 하지만 본사로부터는 아무런 소식도 없었다.

상황은 매우 심각한 사태에 이르렀다. 어느 금요일, 나는 마이크의 조직에 참여하여 다른 프로젝트를 진행하고 있었다. 그는 송유관 수리에 대한 자신의 근심을 털어 놓았고 송유관 수리를 위한 예산 승인을 요청하는 서류를 검토해 줄 것을 부탁했다. 나는 무엇이 문제였는지 금방 알 수 있었다. 마이크의 결정적 어구, 즉 위험한 상태에 있는 송유관을 수리하기 위한 예산 승인을 요청하는 말은 두 장이나 되는 문서의 마지막 단락에서야 읽을 수 있었던 것이다. 나는 마이크에게 문장의 구조를 반대로 바꾸도록 제안했다.

화요일에 마이크는 필요한 예산에 대한 승인을 받아 냈다. 옥시덴탈의 전설적인 최고경영자, 아만드 해머Armand Hammer의 메모와 함께 말이다. "이런 문제를 내가 왜 진작 알지 못했을 까요?" 마이크의 요청은 최고경영자의 책상까지 전달되었지만 눈길을 받지 못하고 있었던 것이다. 본질적인 메시지가 묻힌 채 방치되었기 때문이다.

약간의 정황 정보가 없다면 메시지를 이해하지 못할 것이라고 주장하는 사람도 있을 것이다. 하지만 사실은 그 반대다. 사람들은 당신이 전달하고자 하는 핵심이 무엇인지 알기 전에는 결코 그 정황을 이해하지 못한다.

전화를 건 목적과 연락처를 남긴 누군가의 메시지를 듣긴 전까지는 마치 자서전과도 같은 음성 사서함의 메시지들을 들을 때마다 이 원칙을 상기하게 될 것이다.

물론 예외도 있다. 영화나 텔레비전 시트콤, 농담에는 이 원칙이 적용되지 않을 수도 있다. 방송 광고가 나가기 전 예고편은 보는 사람을 상황의 중심으로 밀어 넣어 버린다. 그 후 30분 동안 각자 딜레마를 헤치고 나오는 것이다. 하지만 오락이 최우선 목표가 아닌 정보 전달 상황에서는 결정적 어구로 시작하도록 하라.

프레젠테이션을 하든, 이메일을 쓰든 혹은 복도에서 누군가에게 간단한 브리핑을 하든 상관없이 항상 시작은 결정적 어구로 해야 한다.

구체적 혹은 단순한 의미의 단어를 사용하라

토론이 한창 진행 중인 상황에서 "제 생각에는 단순히 단어의 의미에 관한 문제인 것 같습니다."라는 말을 얼마나 자주 들었는가? 물론 맞는 말이다. 단어는 의미를 가지고 있기 때문이다. 바로 거기에 문제점도 있는 것이다. 예를 들어, 미국의 불법 이민을 둘러싼 논쟁을 살펴보자. 한 정치인은 '사면' 원칙을 근거로 불법적이긴 하지만 이미 국내에 들어와 있는 이민자들이 합법적으로 체류할 수 있는 법적 지위를 획득할 수 있도록 하는 계획을 구상했다. 또 다른 정치인은 '사면'이란 '용서'를 의미하는 것이라고 말하며 이전의 정치인이 구상한 계획을 정면으로 반박하고 있다. '사면'은 '용서'를 의미하는 것이므로 시민권을 '얻기 위한' 어떤 계획도 사면 계획이 될 수 없다는 것이다. 사면에 관한 토의는 여기에서 전달하고자 하는 요지를 설명하는 하나의 사례에 지나지 않는다.

단어는 의미를 포함하고 있고 그 의미는 단순한 단어의 의미에 관한 문제만은 아니다. "제 생각에는 우리가 같은 말을 하고 있는 것 같습니다. 단지 단어의 의미에 관한 문제일 뿐이죠."라는 말로 무시해 버린다면 위험한 교차 지점을 만들어 내게 될 것이다. 어느 지점에서 합의점을 찾을 의도를 가지고 있다면 말이다.

단어에는 대화의 핵심이 포함되어 있다. 단어의 선택은 이해와 합의를 위한 가장 중요한 요소다.

사실상, 많은 고객 불만 사항들이 이 한 가지의 근원적 원인으로 귀결될 수 있다. 서비스 담당자와 고객에게 각각 다른 의미로 해석된 애매모호한 단어 말이다. 판매원은 이렇게 말한다. "고객님께서 바닥 모델을 쓰신다고 하면 실질적인 할인율을 적용할 수도 있습니다." (판매원의 생각은 20퍼센트 정도의 할인이었지만 고객은 50퍼센트의 할인을 생각하고 있다.) 공급 업체에서는 "선적물량이 도착하는 수일 내에 연락드리겠습니다."라고 말한다. (공급 업체는

> ▶ 단어에는 대화의 핵심이 포함되어 있다. 단어의 선택은 이해와 합의를 위한 가장 중요한 요소다.

2주 혹은 3주간의 시간을 생각하고 있지만, 고객은 2일 혹은 3일의 시간을 생각한다.)

구체적이고 정확한 것에 관해서는 내부 커뮤니케이션 또한 그리 나은 것도 아니다.

예를 들어, 당신이 지금 진행하는 프로젝트에 다른 부서의 협조를 요청하면 그들은 '제한된 자원' 때문에 협조할 수 없다고 반응한다. 그들이 말하는 제한된 자원은 금전적인 것을 말하는 것인가 아니면 시간적인 것인가? 장비가 제한적이라는 말인가 아니면 전문 인력이 제한적이라는 말인가?

인사부에서는 최근 발표된 정책에 대해 불만이 있는 직원들의 전화가 '다수' 접수되었다고 말한다. 얼마나 많은 전화가 걸려 왔다는 말인가? 7건? 아니면 17건? 70건? 700건?

마케팅 부서의 부사장은 새로운 마케팅 캠페인을 통해 생성된 영업력이 '현저히 향상'되었다고 말한다. 어느 정도의 향상을 말하는 것인가? 12퍼센트? 20퍼센트? 아니면 40퍼센트?

고객이 수백 만 달러의 가치가 있는 계약을 갱신할 것인지에 관해 '며칠 내에' 다시 전화를 주겠다고 약속한다. 언제 그 대답을 들을 수 있을 것이라 생각하는가? 3일? 1주일? 아니면 2주일? 그런 약속을 한 고객이 어떤 고객인가는 문제가 되리라 생각하는가?

전략적 파트너가 당신의 회사가 제공하는 서비스를 새로운 산업 분야에 공동으로 소개하면서 자신들의 '홍보활동'으로 인해 당신 회사가 이익을 볼 것이라고 말한다. 당신의 전략적 파트너가 말하는 홍보활동이란 무역 박람회 참가를 말하는 것인가? 소비자에게 보내는 광고 우편물의 발송비용을 분담하겠다는 말인가? 다음 컨퍼런스에서 특별 접대행사를 주최하는 홍보활동을 말하는 것인가? 당신 회사의 다음 번 이벤트에 자신들의 대변인을 지원해 주겠다는 말인가? 당신의 웹사이트에 교환 링크 혹은 배너 광고를 삽입하는 홍보활동을 말하는 것인가?

당신이 속해 있는 조직에서도 '나무 그네 경험Tree Swing Experience' 을 한 적이 있을 것이다(〔표 3.1〕 참조). 그렇게 빈번하게 발생하지만 않았어도 재미있는 현상이었을 것이다.

단어의 의미가 대화에 끼어들면 그 대화는 더 이상 단어의 의미에 관한 것이 아니다. 정확한 단어를 선택하라. 그리고 구체적으로 파고들어라.

성가신 템플릿을 피하라

템플릿은 시간을 절약해 주고 일관성을 보장한다. 하지만 재단사가 당신의 바지 단을 핀으로 고정시키듯이, 템플릿은 시작 시점으로서의 역할을 할 뿐 최종적으로 완성된 제품이 될 수는 없다.

조직들은 모든 것을 템플릿으로 대체하려고 노력해 왔다. 교육이나 고객에게 발송되는 이메일, 고객 상담 창구의 안내문, 영업 프레젠테이션, 카페테리아의 메뉴, 컨퍼런스와 무역 박람회의 의제 등 모든 것을

나무 그네 경험은 재미있다고 하기에는
너무나 빈번하게 발생하고 있다.

마케팅에서 제안한 그네

경영진에서 승인한 그네

엔지니어들이 디자인한 그네

실제로 제작된 그네

실무진이 설치한 그네

고객이 원했던 그네

출처: 미상. 15년 전 워크숍에 참석했던 한 참가자가 제공한 그림. 종종 교육을 위한
워크숍에서 사용되곤 한다.

획일화시켰다.

지난 주 내가 이용하고 있는 케이블 회사에 전화를 걸어 마침내 고객 상담 창구에 연결되었을 때 나누었던 대화는 이런 것이다.

"어떻게 도와드릴까요?"

"인터넷 연결이 끊어졌어요. 이 주변 지역에 문제가 있는 것으로 알고 있습니다. 오늘 저녁에 우리 집 앞에 이 회사의 케이블 보수 차량이 서 있더군요. 수리공 두 사람도 집 앞 잔디밭에 서 있었는데 오늘 밤 안으로 이 지역의 라인을 교체할 것인지 아니면 내일까지 기다릴 것인지에 대한 상급자의 지시를 기다리고 있다고 하더군요. 지금 상황이 어떻게 되어 가고 있는지 알고 싶습니다."

"알겠습니다. 확인해 보겠습니다." 잠시 침묵이 흐른 후 그 상담 직원은 이렇게 말했다. "아닙니다. 이쪽에는 아무런 문제가 없습니다. 고객님의 컴퓨터도 문제없이 작동해야 하는 것이 정상입니다."

"제가 하는 말을 이해하지 못하셨나 보군요. 인터넷 연결이 완전히 불능 상태입니다. 아무런 서비스도 받지 못하고 있다고요. 이 회사의 케이블 보수 차량이 지금 우리 집 앞 길가에 서 있단 말입니다. 그리고 수리공 두 사람이 지금 이 지역 회선에 문제가 있다고 말하고 있어요."

"그런 보고는 접수된 적이 없습니다. 하나씩 짚어 보도록 하죠. 먼저, 고객님 모뎀의 제일 위쪽에 있는 불이 초록색으로 깜빡거리고 있는지 확인해 주시겠습니까?"

"아니요. 깜빡거리는 불 따위는 없습니다. 이 지역 전체에 서비스가 중단된 것 같아요."

"그런 보고가 접수된 기록을 찾을 수 없습니다."

"제가 지금 말씀드리고 있잖아요. 이 회사의 케이블 수리 차량이 우리 집 앞에 서 있고 그 회사 직원들이 이 지역 전체에 문제가 있다고 말했다니까요. 내가 알고 싶은 것은 언제 새 회선을 설치할 것인지 당신들의 상급자에게 확인해 줄 것인지 아닌지 입니다. 오늘 밤 안으로 처리할 것인지 아니면 내일, 그것도 아니면 다음 주에 할 것인지 알고 싶다는 말입니다."

"고객님의 모뎀 제일 위쪽 불이 초록색으로 깜빡거리고 있는지 확인해 주실 수 있겠습니까?"

"이것 보세요. 제일 위쪽에 있는 불은 깜빡거리고 있지 않습니다. 전혀 연결이 안 되고 있어요. 이 지역 전체에 케이블 서비스가 불능 상태입니다. 이 회사 직원들이 우리 집에서 200야드 떨어진 곳에서 지금 작업을 하고 있어요. 나는 인터넷 라인이 '오늘 밤' 안으로 설치될 것인지만 알면 됩니다. 그래야 내가 일을 할 수 있거든요."

"이쪽에서 확인한 바로는 고객님의 인터넷 연결에는 아무런 문제가 없습니다. 한 단계씩 다시 짚어 보도록 하겠습니다. 고객님의 모뎀을 확인해 보시고 초록색 또는 어떤 색이라도 깜빡거리는 불이 있는지 말씀해 주실 수 있겠습니까?"

이쯤에서 나는 내가 올가미에 걸렸다는 것을 깨달았다. 절차상의 템플릿에 얽매여 있는 사람에게 나 혼자 떠들어 대는 올가미 말이다. 나는 그 '고객 상담 창구'와의 전화 통화를 거기서 끝내 버리고 집 앞에 있던 수리공들을 찾아 갔다. 그들은 조금 전보다 조금 더 멀리 떨어진 곳으로 이동해 있었다.

절차상의 템플릿과 같이 문서화된 템플릿은 고객이나 직원 모두를 괴롭힌다. 질문에 대한 정답을 얻을 수 있다고 생각하게 만들면서 말이다.

여기 또 다른 악몽 같은 사례가 있다. 특정 법률 서비스에 대한 계약 내용을 선택 사양 A로부터 선택 사양 B로 변경해 줄 것을 요청하는 고객에게 발송된 서면 양식의 사례다. 계약 내용을 변경하고 청구 관련 정보를 적절하게 바꾸는 대신 고객들은 이런 형식적인 서신을 반복적으로 받아야만 했다.

친애하는 회원 여러분,

귀하의 회원 자격은 급여에서 공제하는 방법을 통해서는 더 이상 유효하지 않을 것입니다. 귀하의 지속적인 회원 자격 유지를 소중히 여기며 변경이 진행되는 과도기를 가능한 한 쉽게 대처할 수 있기를 바랍니다. 회원님에게 각자의 회원 자격이 중요한 것인 만큼 우리에게도 중요합니다. 귀하의 소중한 혜택이 소멸되는 것을 피하려면 지불 방식을 가장 편리한 방법으로 선택해 주시기 바랍니다. 그러면 중단 없는 서비스를 지속적으로 받을 수 있을 것입니다. 서면 양식이나 귀하의 회원 자격에 관해 궁금한 점이 있으시면 수신자 부담 전화를 사용하여 고객 관리 부서로 연락해 주시기 바랍니다.

고객은 매번 전화를 걸어 어째서 본사는 선택 사양 A에서 선택 사양 B로 회원 자격을 변경하고, 청구 관련 절차를 조절하게 바꾸지 않느냐고 물어 봤지만 되돌아오는 것은 이와 똑같이 양식화 된 서신뿐이었다. 아무런 대답도 없이 말이다. 고객을 비롯하여 법률 서비스 제공 업체 영업 사원이 수차례 전화를 하고, 이런 비협조적인 템플릿 사용을 중단시키기 위해 고객이 직접 본사로 보내는 공식 서한이 있은 후에야 변경될 수 있었다.

그러한 템플릿 대응은 직원들을 12층에서 뛰어내리고 싶도록 만들고, 고객들이 경쟁사의 제품을 구입하는 가격보다 50퍼센트나 더 비싼 값을 지불하는 결과를 가져온다.

전후 사정을 제공하라

의견을 말할 때 발언의 전후 사정을 제공하는 것이 성과급과 징역형 간의 차이를 의미할 수도 있다. 예를 들면, '유니버설Universal Inc.'의 경영자가 연례 주주 회의에 모인 투자자들 앞에서 '주문이 적체되고 있으며 수익은 기대보다 훨씬 뒤쳐져 있다.'는 발언을 했다라고 가정해 보

자. 만약 그가 펀드 매니저와 분석가들만이 참석한 조찬 회의에서 똑같은 발언을 했다면 내부 거래의 혐의를 받을 수 있는 근거가 될 수도 있다는 말이다.

전 하원의원인 마크 폴리Mark Foley가 연관된 스캔들과 폴리 의원이 의회에서 인턴으로 일하던 십대의 의원 수행원들에게 보낸 노골적으로 성을 표현한 메시지는 사건의 배경에 관한 쟁점이 사건의 근본을 들추어내는 것이다. 그 메시지는 십대의 의원 수행원들이 인턴 프로그램에 참가하고 있는 동안 전달되었는가 아니면 그들이 프로그램을 마친 후에 전달되었는가? 즉, 그 이메일은 '십대 수행원들을 제압할 수 있는 권력을 가진 누군가가 보낸 것인가?'라는 전후 사정은 각기 다른 법률적 판단을 의미할 수도 있다.

미국의 오클라호마시티 연방 건물에 대한 폭탄 테러가 발생했을 때, 복구 작업에 참여했던 민간 작업자들은 연방 재난 관리청에 '오염 제거반'이 필요하다고 요청했다. 그것을 요청한 사람들이 필요로 했던 것은 깨진 벽돌 조각들을 뒤집어쓴 채 현장에서 나오는 작업자들을 씻어 낼 수 있는 샤워 장비였다. 하지만 요청을 접수한 재난 관리청이 찾아 나서기 시작했던 것은 핵 오염 제거반이었다. 재난 관리청이 자신들의 용어로만 이해했던 오염 제거반은 핵 오염 제거반이었던 것이다.

오사마 빈 라덴은 미국은 스스로 모든 테러리스트 공격을 불러들이고 있다는 내용의 비디오테이프를 끊임없이 내 놓고 있다. 그가 내 놓은 테이프의 일부는 테러 공격을 위한 계획이 중동 지역에 아무런 문제가 없었던 시기에 이미 완성되었다는 것을 보여주고 있다. 모든 참가국들이 중동 지역 평화 협정에 서명한 바로 직후에 달이다.

사건의 전후 사정을 확립하는 일은 그조가 복잡하게 얽혀있는 상태일 때 더욱 힘들어 진다. 다시 말해, 전후 관계가 합병 기간 내내 혹은 장기간에 걸친 제품 개발 주기와 같이 아주 오랜 기간에 걸쳐 얽히고 설켰을 때는 전후 관계를 확립하는 일이 더욱 힘겹다는 말이다. 하지만 어렵거나 말거나 전후 관계는 메시지의 단서가 되는 것은 물론이며 메시지의 향취까지 제공하는 것은 사실이다.

추측에 따르는 위험을 검증하라

우리 회사는 지난해 재정적으로 성공적이지 못했다. 수입은 늘어났지만 수익은 떨어졌다. 주요 원인은 자신의 할당량을 달성하지 못한 새 영업 사원에게로 문제가 집중되었다. 팀원 전체어 대한 교육과 일대일 코칭, 행정적인 지원 등에도 불구하고 한 사람의 핵심 영업 인력에 대한 문제 상황은 개선되지 않았다. 상투적인 어구를 빌어 말하자면 나는 '그 영업 사원에게 압력을 가하는 일'을 한 번 더 시도하여 투자에 대한 결과를 보여주는 것이 얼마나 시급한 일인지 알려주고 싶었다.

그래서 모든 직원이 참석하는 '전사적' 회의를 소집하여 재정 상태를 공개하고 다음해의 재정 목표를 설정하고 그 목표를 달성하는 데 필요한 핵심 사업의 개요를 설명했다. 회의를 마무리 하면서 나는 각각의 영업 사원이 자신의 비용을 '상쇄'할 수 있는 균형점에 이르기 이전의 전체 비용과 경비에 대해서도 언급했다. 나는 지난 3년 간 새로운 영업 사원을 영입하는데 투자한 비용과 영업 사원이 할당량을 달성하지 못했을 경우에 발생하는 손실의 총 금액을 공개하는 것으로 결론을 짓고 회의를 마쳤다.

나는 재정 상태에 대한 보고를 마치고 피드백을 받기 위해 잠시 멈추었다. 자신의 할당량을 달성하지 못한 영업 사원은 진지하게 이렇게 말했다. "제가 아주 가치 있는 사람으로 느껴집니다. 회사가 이 정도로 투자를 해 주고 이렇게 강력한 믿음을 보여준다는 점에서 말입니다."

검증은 엄청난 중요성을 가질 수 있다. 내가 너무나 명확하게 전달했다고 생각하는 요지는 받아들이는 사람이 내린 결론과는 전혀 다른 것이었다. 이것은 결코 특이한 문제가 아니다. 최근 다른 기업의 부사장과의 대화에서 나는 유사한 이야기를 들을 수 있었다.

지난 6개월 동안 우리는 매월 여섯 명의 지역 본사 사장들이 한 자리에 모여 매번 똑같은 실적 보고서에 관한 회의를 해 왔습니다. 우리는 매월 실적에 관한 회의를 하면서 "이 숫자는 반드시 바뀌어야 합니다."라는 말을 했어요. 문제의 실적은 웰든이 담당하고 있던 지역의 실적이었습니다. 그는 고개를 끄덕이며 동의했지만 아무런 조치도 취하지 않았죠. 다음 달에도 같은 회의가 반복되었습니다. 여섯 명이 회의 테이블에 둘러 앉아 실적 보고서를 들여다보며 "이 숫자는 반드시 바뀌어야 합니다."라고 말했고 웰든은 고개를 끄덕이며 동의했습니다. 다음 달에도 같은 회의가 반복되었습니다. 나는 그가 의미를 제대로 이해하지 못하고 있다고 생각했습니다. 그래서 사람을 보내 그와 일대일 대면을 통해 자신이 담당하고 있는 지역의 실적이 향상되어야 한다는 메시지를 전달하도록 했습니다. 근본적으로 웰든은 자신이 담당하고 있는 지역의 단 한 가지 문제점만 해결하면 되었어요. 6개월 후에도 그는 여전히 상황을 바로 잡기 위한 어떤 조치도 취하지 않고 있었습니다.

그렇게 12월이 되었고 한 해의 마지막 두 주를 남겨둔 시점에, 문제 해결을 위해 모든 노력을 기울여야 할 그 시점에 그는 2주간의 휴가를 떠나기로 결정했더군요. 결국 나는 그를 해고하지 않을 수 없었습니다. 나는 사람이 그 정도로 충격을 받는 모습을 한 번도 본 적이 없었어요. 상당한 충격을 받은 것 같았습니다. 하지만 지난 6개월 동안 실적 보고서를 놓고 회의를 했고 그를 포함한 모든 사람들이 명확하게 실적이 향상되어야 한다는 점에 동의했던 바 있지 않습니까? 나는 그가 여섯 번의 회의에 참석하면서 어떤 결론을 내렸는지 도무지 알 수가 없습니다. 하지만 결과적으로 그가 자신의 관할 지역에 존재하는 문제를 해결하기 위해 어떤 조치를 취했어야 한다는 메시지는 명확하게 전달되지 않았던 것입니다.

커뮤니케이션이 한쪽 방향으로만 이루어지게 되면 사람들은 자신이 아주 명확하게 전달하고자 했던 요점이 모든 사람에게 제대로 전달되었을 것이라고 간주하는 경향이 있다. 하지만 비생산적인 회의에 대한 흔한 불평도 바로 그것이다. 참석자들은 회의 장소를 떠나면서 이렇게 중얼거린다. "그래서 결정된 것은 뭐지? 하겠다는 거야 말겠다는 거야?" 단지 주제만 바뀔 뿐이다.

모든 사람들이 당신이 의도했던 것과 동일한 메시지를 가지고 자리를 떠날 수 있도록 만드는 방법은 어떤 형태로든 사람들이 당신의 의도에 반응하도록 만들어 검증하는 것이다. 이런 질문은 당신의 의도를 제대로 이해했는지 검증하는데 도움이 될 것이다. "이 정책이 부서원들에게 어떤 영향을 미칠 것이라고 생각합니까?", "그 부서의 직원들이 어떤 반대 의견을 가질 것이라고 생각합니까?", "이런 변화를 현실화하기 위해 가장 먼저 해야 할 일로 어떤 것을 제안하시겠습니까?", "이 일이 얼마나 쉬울 것 같습니까 (혹은 어려울 것 같습니까)?", "이 프로그램 시행 후 처음 90일 동안 어떤 질문을 받게 될 것이라 생각하십니까?"

이런 질문들을 통해 사람들이 당신의 의도를 제대로 이해했는지를 검증할 수 있다.

당신의 행동과 말이 모순되지 않도록 하라

성과가 저조한 직원에게 그런 행위는 용납될 수 없다는 말을 하면서 적절치 못한 시점에 웃음을 짓거나 격려하듯 고개를 끄덕였다면 그 직원은 "별 일 아니다."라고 생각하며 자리를 뜨게 되고, 결국 같은 행위를 반복하게 될 수도 있다. 회사 제품의 결함에 대한 고객 보고서는 극히 일부에 지나지 않는다는 내용을 방송 매체를 통해 발표하면서 이마에 깊은 주름이 팰 정도로 곤혹스런 표정을 지었다면, 당장 그날 오후에 집단 소송을 부추기는 변호사들을 상대하게 될 수도 있다. 팀원들에게 "일이 다 잘되고 있고" 상사의 신임도 확고하다는 말을 하면서 초조하고 안절부절 못하는 태도를 보인다면, 부하직원들은 당신이 팀 전체의 성과물을 보고할 수 있을 때까지 과연 자리를 지킬 수나 있을까 의아해 할 것이다.

말은 결코 그 자체만으로 완전한 메시지를 전달하지 못한다. 메시지는 정황과 관계, 시기, 목소리의 크기, 언어적 표현과 비언어적 표현 그리고 신체 언어를 통해 전달되는 것이다. 이 모든 요소들이 합쳐져 상대방이 '듣는' 완전한 메시지를 이루는 것이다.

말은 결코 그 자체만으로 완전한 메시지를 전달하지 못한다. 메시지는 정황과 관계, 시기, 목소리의 크기, 언어적 표현과 비언어적 표현 그리고 신체 언어를 통해 전달되는 것이다. 이 모든 요소들이 합쳐져 상대방이 '듣는' 완전한 메시지를 이루는 것이다.

당신의 스타일을 목적에 맞추어라

'피투성이 고집불통 늙은이'라는 애칭으로 더 잘 알려진 조지 패튼 George S. Patton은 1909년 웨스트포인트 사관학교를 졸업하고 미 육군 장교로 임관했다. 부유하고 학식이 높은 집안 출신이었던 패튼 장군은 어렸을 때부터 호머의 서사시 「일리어드」와 「오딧세이」, 『성경』, 셰익스피어의 작품 등을 접했다. 고전 문학과 군사 역사는 그의 전 생애에 걸쳐 최대의 관심사로 남게 되었다.

하지만 전장에서 병사들을 지휘할 때 패튼 장군은 병사들의 언어를 사용했다. 그는 신화에 나오는 은유법을 사용하지 않았다. 그의 목적은 이론이 아니라 행동이었던 것이다. 계급이 낮을수록 그의 메시지는 더욱 전술적이었다.

1944년 6월 5일, 연합군의 노르망디 상륙 작전 개시일 전야에 그가 했던 유명한 연설의 발췌문에 대해 생각해 보라. 직접적인 언어와 듣는 사람을 자극하는 감정적 견인력, 문장의 형태, 문장과 단어 선택의 단순함 등을 살펴보면서 말이다.

제군들, 미국이 이 전쟁에서 빠지고 싶어 한다거나 싸우고 싶어 하지 않는다는 말은 모두 거짓말이다. 미국인들은 전통적으로 싸움을 좋아한다. 진정한 미국인은 전장의 총칼 소리를 사랑한다. 제군들은 세 가지 이유로 오늘 이 자리에 서 있다.

첫째, 조국과 사랑하는 이들을 지키기 위해 여기에 서 있다.

둘째, 자존심을 지키기 위해 여기에 서 있다. 왜냐하면 지금 여기가 아니면 그 어디라도 원하지 않을 것이기 때문이다.

셋째, 제군들은 진정한 사나이이기 때문에 여기에 서 있는 것이며 진정한 사나이라면 싸움을 즐기기 때문에 여기에 서 있는 것이다. 여기 서 있는 제군들은 모두, 어렸을 때 구슬치기 챔피언이나 가장 빨리 달리는 사람, 가장 강한 권투선수, 일류 리그의 운동선수, 국가대표 축구 선수들을 동경했을 것이다. 미국인들은 승자를 좋아한다. 미국인들은 패자에게 관대하지 않다. 미국인들은 겁쟁이를 경멸한다. 미국인들은 언제나 이기기 위해 경기에 임한다. 나는 지고도 웃는 사람 따위는 조금도 개의치 않을 것이다. 그것이 바로 미국인들이 결코 패한 적이 없으며 앞으로도 결코 전쟁에 패하지 않을 이유다. 패배는 미국인들에게 증오의 대상이기 때문이다.

제군들이 모두 죽지는 않을 것이다. 여기에 서 있는 제군들 중 2퍼센트만이 오늘 이 중대한 전투에서 죽음을 맞이하게 될 것이다. 죽음을 두려워해서는 안 된다. 때가 되면 사람은 누구나 죽는다. 물론 전쟁터에 나가는 사람은 누구나 두려움을 느낀다. 그렇지 않다면 그건 거짓말이다. 누군가는 겁쟁이일지라도 용감한 사람과 다름없이 싸우거나 자신만큼이나 두려움에 떨면서도 끝까지 싸우는 누군가를 보고 충격을 받을 것이다. 진정한 영웅은 두렵지만 끝까지 싸우는 사람이다.

군대에 있는 동안 제군들은 소위 ‘겁쟁이 훈련’에 대해 불만을 가지고 있었을 것이다. 군대의 모든 것이 그렇듯이 그것 또한 분명한 목적이 있다. 그 목적은 바로 조심성이다. 조심성은 반드시 모든 군인의 몸에 배어 들어야 한다. 시실리의 어느 공동묘지에는 깔끔하게 정돈된 400개의 무덤이 있다. 깨어 있어야할 때 잠에 빠져버린 단 한 사람 때문에 400명이 목숨을 잃은 것이다.

요약해서 말하자면 그는 자신의 청중을 이해하고 있었던 것이다. 그는 전투에 나갈 군인들을 자극하기 위해 어떤 감정적 호소가 필요한지 알고 있었던 것이다. 내가 비록 그가 말하는 모든 것을 지지하는 것은 아니지만, 그는 분명 자신의 메시지를 듣는 사람과 목적에 부합시키는 것이 어떤 것인지 이해하고 있었던 인물이다.

어떤 사람들은 원초적으로 시각적 정보만 인지한다. 또 어떤 사람은 귀로 듣는 정보에 주의를 기울이며 눈에 보이는 것은 거의 알아차리지 못한다. 여전히 근 감각적으로 학습하고 결론을 도출하는 사람들도 있다. 주로 감각을 통한 경험에 의존한다는 말이다.

개인적인 측면에서 보면 사람들은 두 가지의 극단적인 양면의 연속체 사이에서 다양하게 반응한다. 퉁명스러움에 가까운 매우 직접적 반응이거나 상대방이 자신의 마음을 읽어주길 기대하는 간접적인 반응, 이렇게 극단적인 양면의 연속체 말이다. 그들이 하는 말은 힌트와 망치, 그 두 가지의 중간쯤에 떨어질 것이다.

개인적인 스타일에 더하여 문화적 차이도 고려해 볼 수 있다. 비언어적 표현에 의존하는 경향이 강한 문화에서는 메시지가 말뿐만 아니라 말의 전후 관계를 통해 전달되기도 한다. 누가 말했는가? 언제? 어떻게? 어떤 것에 대한 반응으로 한 말인가? 어떤 신체 언어를 사용했는가? 말로 표현되지 않은 것은 무엇인가? 다시 말해, 의미는 종종 단순한 말 이외에 다른 많은 요인들을 통해 암시되고 이해된다는 뜻이다.

그런 차이점을 모른다면 비언어적 표현에 대한 의존성이 강한 문화권의 사람들을 상대로 하는 중요한 영업 회의나 임원 브리핑에서 격식을 갖추지 않은 복장 또는 구부정한 자세로 서 있는 것만으로 참석자들에게 모욕감을 줄 수도 있다. 반대로 단순히 동료에게 인사를 건네고 소개하는 것으로 지위를 암시할 수도 있고 또 그렇게 해야만 한다.

이 분야의 전문가인 에드워드 홀Edward Hall은 비언어적 표현에 대한 의존성이 높은 문화권의 순위를 다음과 같이 나열했다. 일본(비언어적 표현에 대한 의존성이 가장 높다), 중국, 아랍권 국가, 그리스, 스페인, 이탈리아, 영국, 프랑스. 비언어적 표현에 대한 의존성이 낮은 문화에서는 말 자체가 주요 의미를 전달하고 주변 요소의 중요성은 비교적 낮다. 홀은 미국과 스칸디나비아 국가, 독일, 스위스 내의 독일 문화권(비언어적 표현에 대한 의존성이 가장 낮다.) 등을 비언어적 표현에 대한 의존성이 낮은 문화권으로 지적하고 있다.

어떤 문화권이든 상관없이 주변 요소를 무시하는 것은 커다란 실수를 야기할 수 있다. 나의 첫 번째 말레이시아 방문은 공항을 떠나는 그 순간부터 재앙의 시작이었다. 여행 일정이 전부 제3자를 통해 계획되었기 때문에 도시 근교의 작은 공항에 도착한 나는 누가 마중 나올 것인지도 정확히 알지 못하고 있었던 것이다. 고객사의 경영자가 직접 나올 것인지 아니면 보다 낮은 계급의 보좌관, 아니면 차량 서비스 제공자가 나와 있을 것인지 전혀 몰랐다. 내가 도착했을 때 간편한 복장의 중년 남자가 인사를 건네 왔다. 비행기 승객 중에 혹은 그때 공항에 있던 사람들 중에 유일한 금발 머리였던 나를 알아보는 일이 결코 어려운 일은 아니었을 것이다. 대화를 이어가려고 애썼지만 그 남자의 영어 실력은 매우 한계가 있었고 내가 아는 말레이시아어는 단 몇 마디 밖에 없었다. 그는 차의 뒷문을 열어 주었고 나는 차에 올라탔다. 남편도 함께였다.

그 남자는 운전석에 앉은 후 호텔로 가는 동안 저녁 식사 전에 몇 시쯤 데리러 오겠다는 말 외에는 아무 말도 하지 않았다. 저녁 식사를 위해 그 남자를 다시 만났을 때, 그 사람 혼자만이 참석한 것으로 보아 분명 그가 나의 고객임을 깨닫게 되었다. 우리는 여전히 그가 공항에서는 수다스럽다가 (그의 엉터리 영어를 완전히 이해할 수는 없었지만) 호텔로 오는 차 안에서는 갑자기 침묵을 지킨 이유가 궁금했다.

그가 우리에게 '마음을 열기까지' 3일의 시간이 걸렸다. 여행 일정을 계획했던 사람에게 냉담했던 그 때 상황에 대해 물었을 때 이런 대답을 들었다. "그 사람은 아마 당신이 자신에게 무례를 저지르고 있다고 생각했을 겁니다. 당신을 위해 차의 뒷문을 열어 준 것은 여성은 항상 뒷좌석에 타는 것이라고 알고 있었기 때문이에요. 그리고 당신의 남편은 운전석 옆에 앉도록 할 의도였을 겁니다. 하지만 남편 분이 당신과 함께 뒷좌석에 타버리자 모욕감을 느꼈겠죠. 당신과 당신의 남편이 자신을 일개 운전사로 취급한다고 생각했을 겁니다."

메시지를 결정하는 것은 주변 요소다. 그 일은 아주 오래전에 있었던 일이다. 그 후로 나는 약간 더 현명하고 보다 민감하게 그런 상황들을 사전에 확인하게 되었다.

미국의 문화는 비언어적 표현에 대한 의존성이 낮은 문화권으로 간주되고 있지만, 여전히 일부 미국인들은 자신이 한 말에 그늘을 드리우는 비언어적 메시지에 대해 여전히 무력한 존재르 남아 있다.

컨설팅 업무를 하면서 나는 고위경영진들이 모인 회의실에서 프레젠테이션에 대한 냉담한 반응만을 얻은 채, 그들이 어째서 자신들의 프로젝트를 승인하지 않았는지 전혀 감을 잡지 못하는 사람들을 지켜봐왔다. 그 이유는 자세에서 전달되는 건방진 태도 때문이었을 수도 있고, 미흡한 준비에서 보이는 태도나 옷매무새 때문이거나 질문에 대한 반응으로 보여준 짜증스러운 감정을 통해 전달되는 무례함 때문이었을 수도 있다.

효율적인 커뮤니케이터로서 당신의 도전 과제는 그런 주변 요소를 이해하고 원하는 목적을 달성하기 위해 자신의 스타일을 상대방에게 적응시키는 일이다. 그렇게 하지 않는다면 당신이 나눈 대화의 결과는 공을 받아 치는 것조차 거부하는 누군가와 테니스 시합을 하려고 노력하는 일만큼의 결실만을 맺게 될 것이다.

반복하고 반복하라

기업의 광고는 몇 주, 몇 달, 경우에 따라서는 몇 년에 걸쳐 이어진다. 변호사들은 변론을 시작하면서, 증인 심문을 하면서, 다시 검사 측 증인에 대한 반대 심문을 하면서 그리고 배심원들 앞에서 마지막 변론을 하면서 나름의 스토리를 반복한다. 텔레비전의 스포츠 중계 아나운서들은 팬들이 직접 눈으로 본 경기 장면을 그대로 묘사한다. 정치인들은 선거 연설이나 논쟁, 선거 광고에 똑같은 요점을 끼워 넣는다. 가수들은 똑같은 후렴구를 반복한다.

왜 그럴까? 사람들은 듣고 싶은 것만 듣는다. 듣고 싶어 하지 않는 것은 듣지 않는다. 이렇게 듣고 싶은 것만 듣는 자연스러운 경향을 극복하기 위해서는 전달하고자 하는 메시지를 다양한 방법으로, 각기 다른 시점에, 전달 방법을 달리하며 반복할 필요가 있다.

새로운 전략을 전달하는 실제 업무 방법에 대한 최근의 연구 결과는 아래와 같다.

- 진행 상황에 대한 최신 정보를 제공하라.
- 성공에 대해선 그 즉시 축하하라.
- 실패의 전 과정을 통해 배워라.

- 필요하다면 변동 사항을 공식적으로 발표하라.

- 구성원이 모두 참석한 회의에서 새로운 전략에 대해 토론하라.

- 전략에 연관된 성공 사례를 공유할 수 있는 특별한 뉴스레터를 만들어라.

- 전사적 회의가 시작될 때마다 주제를 언급하라.

반복하고 반복하고 또 반복하라. 반복만이 기억된다.

제4장

직설어법은 객관적 사실에 충실하라

커 뮤 니 케 이 션 의 생 산 성

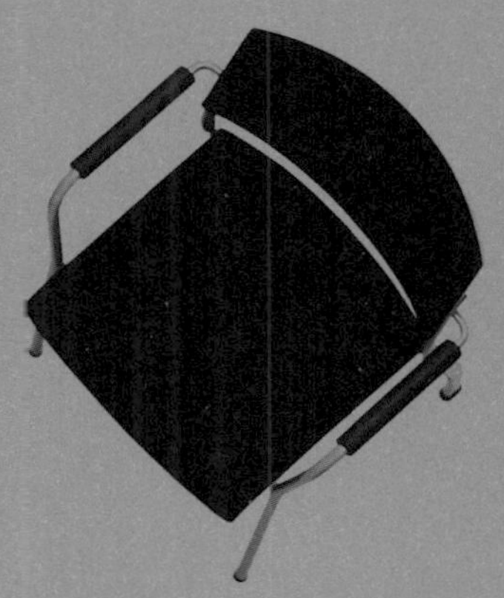

밤 10시가 넘기까진 부하직원으로부터 어떤 진실도 들을 수 없다.

－위르겐 슈렘프, 다임러 크라이슬러의 전 최고경영자

"더 이상 결정을 미룰 수가 없어. 당장 내일까지 독일 사업을 맡을 것인지 확답을 사장에게 주어야 하거든."

"거절할 이유가 없잖아? 아이들한테도 좋은 경험이 될 거야. 2년만 나갔다 오면 되잖아. 다시 돌아왔을 땐 앞으로 20년 동안 하고 싶은 일을 마음대로 골라잡을 수 있을 거야."

"아내와 나 단 둘뿐이라면 좋았을 텐데. 만약 나가 옮기게 되면 우리 집에서 가장 어린 두 사람도 같이 이사를 해야 해. 장모님과 손녀딸 말이야."

"회사에서는 자네가 가주길 바라고 있잖아, 그렇지? 자네에게 선택권을 주었나?"

"아마 그럴 거야. 내 말은 나에게 선택의 여지가 있다고 생각한다는 뜻이야. 내일 사장님과의 회의에서 결정을 내려야 할 것도 바로 그거야. 나에게 그 일을 할 의사가 있는지 물어본 사람이 사장님이니까."

"그들은 절대 의사를 물어보지 않아. 지금이 자네가 고위경영진의 대열에 낄 수 있는 마지막 기회가 될 거야."

곧 있을 회의를 기다리는 동안 관리자는 자신이 처한 곤경에 대해 깊이 생각했다. 사장님이 한 말은 무슨 의미일까? 싫으면 그만 두라는 말인가? 아니면 받아들이고 즐기라는 말인가?

좀 전의 대화는 내가 진행했던 한 세미나에서 첫 줄에 나란히 앉았던 두 명의 관리자들이 주고받은 대화 내용이다. 우리는 실제로 의도하는 바를 말로 표현하지 않는, 심지어 지극히 의도적으로 언어적 표현을 삼가는 환경 속에서 일하고, 사랑하고, 사회생활을 하고 또 살아가고 있다.

누군가 "이봐, 내 새 사무실 어때?"라고 물었을 때 당신이 "이런 색깔의 페인트를 하루 종일 쳐다보고 있어야 하는 사람이 나라면 구역질이 났을 거야."라고 대답할 가능성은 거의 없을 것이다.

가족 간이라고 해서 다르지는 않다. 가족들도 주말에 꽤 심각한 문제를 놓고 직접적인 가족회의를 할 때, 예의를 갖춘 대화를 중요하게 생각한다. 어떤 부부는 상대방의 방어적인 태도를 두려워한 나머지 어느 한쪽도 감정을 표현할 수 없었던 것이 이유가 되어 이혼 법정에까지 이르기도 한다. 가정의 화목에 대한 열망이 정직함의 중요성을 압도해 버리는 꼴이다.

어느 정도까지는 요령과 회피가 문명을 만들고 동지애를 가능하게 하는 것도 사실이다. 하지만 정직한 커뮤니케이션보다 구성원 간의 조화에 더 많은 가치를 부여하는 환경은 장기간에 걸친 의도적 회피로 인해 신뢰가 파괴되고 사기가 저하되며 생산성이 낮아진다.

여섯 가지 커뮤니케이션 유형과 생산성

전형적으로 리더들은 여섯 가지의 커뮤니케이션 유형 중 하나에 속하며 리더의 커뮤니케이션 유형은 팀 전체의 커뮤니케이션 환경에 광범위한 영향을 미친다. 어떤 유형은 다른 유형에 비해 훨씬 효과적인 경우도 있다.

1. 공개와 방임Give and Let Live

이 유형에 속하는 리더들은 수많은 정보를 조직 내의 모든 사람들에게 전 방위적으로 내보낸다. 받는 사람의 관심사나 목적에 맞는 정보인지, 관련이 있는지 혹은 적합한 것인지 아닌지 상관없이 말이다. 이러한 커뮤니케이션 유형에 속하는 리더들의 사고방식은 이런 것이다. 정보를 내보내는 것으로 내 할 일은 다 했으니 보내준 정보가 무엇을 의미하는지 알고 싶다면 스스로 알아내도록 한다.

2. 판매와 강요Sell and Compel

이런 접근법을 사용하는 리더들은 몇 개의 핵심 주제를 지적한 다음, 자신의 견해를 적극적으로 판매한다. 그리고 다른 사람들에게 자신의 전략에 포함된 지혜를 이해하고 그것을 각자의 독적으로 받아들일 것을 강요한다.

3. 정렬과 재정의Align and Redefine

이런 리더들은 잘못 이해된 부분에 귀를 기울이고 '대열에서 이탈'한 사람들을 끊임없이 교정하며 그들의 목적을 재정의하는 일을 멈추지 않는다. 그들은 구성원을 규합하고 자신들의 몇몇 핵심 쟁점을 중심으로 그 주변에 '정렬'하도록 요구한다.

4. 응답과 부정Reply and Deny

대부분의 경우 이런 유형의 커뮤니케이션 방법을 사용하는 리더들은 숨바꼭질을 하며 일반 직원이나 고객들의 눈에 거의 띄지 않는다. 그들은 질문이나 관심사 혹은 불만 등에 관한 소문을 듣고 대응한다. 소문을 확인하거나 부정한다는 얘기다.

5. 통제와 잔소리Control and Scold

이런 접근법을 사용하는 리더들은 상황을 통제하려는 의도에서 정보를 보유한다. 그들은 직원들이나 공급 업체, 전략적 파트너들에게 잔소리를 하고 그로 인해 그들이 결손 가정의 가족 구성원처럼 행동하도록 만들어 버린다. 사람들은 서로 못마땅해서 서로에게 질투를 느끼며 서로의 등에다 칼을 꽂는다. 자기 영역을 침범당하는 것을 싫어하고, 거짓말 하고, 고자질 하고, 편파적이고, 서로 다투고, 움츠러들고, 전반적으로 서로에게 비호의적인 환경에서 일하게 된다.

6. 공유와 비교Share and Compare

이런 사고방식을 가진 리더들은 정보와 그 정보로부터 도출된 자신의 결론, 즉 비전과 목적, 전략과 계획 등에 관해 커뮤니케이션 한다. 그들은 모든 의사 결정과 정책, 불변의 계획 등을 최종 설정하기에 앞서 다른 사람의 의견을 물어보고 그 의견에 귀를 기울인다. 그리고 새로운

정보와 보다 나은 아이디어, 다양한 견해들
이 표면으로 떠오르면 필요한 방향 수정을
위해 여론에 귀를 기울인다. 그들은 자신의
목소리를 전달하는 데 노력을 기울이는 만
큼 다른 사람의 소리를 듣기 위해 노력한
다. 그리고 사람들이 우수 사례에 대해 서
로 서로 얘기를 나누도록 권장한다.

첫 번째부터 다섯 번째까지의 유형은 어떤 것이든 리더의 효율성과
구성원들의 생산성을 제한한다. 다른 모든 것에 우선하여 조화를 중요
시하는 문화를 선택해 비효율적인 커뮤니케이션 유형에 속하는 리더를
넣고 잘 저어주어라. 그러면 기능 장애와 자포자기, 이중성의 조리법을
손에 넣게 될 것이다.

무의미한 대화를 지적하라

감정적으로 미숙하고 방어적인 직원

최근에 비행기가 지연되어 항공사의 라운지에서 앉아서 몇 시간을
기다린 적이 있었다. 그때 나는 삼십대로 보이는 세 명의 여행객들이 나
누는 대화를 우연히 듣게 되었다. 에이미와 제인, 빌, 이렇게 세 사람이

함께 라운지로 들어와 내가 앉아 있던 자리의 맞은편 의자에다 짐을 올려놓고는 각자의 노트북을 꺼내기 시작했다.

빌이 햄버거를 사 오겠다고 나간 동안, 에이미와 제인은 컴퓨터 프레젠테이션에 관해 이야기를 나누었다. 시카고에서 자신들이 직접 수행했던 업무가 분명해 보였다. 에이미가 제인에게 말했다. "난 그 사람이 내 프레젠테이션에 대해 비평하는 것이 너무 불쾌해. 그는 항상 그렇다니까. 슬라이드가 어떻다느니 구조가 어떻다느니 하면서 말이야. 자기도 그다지 뛰어나지 못하면서. 난 오늘 내 프레젠테이션이 괜찮았다고 생각해."

"그래, 아주 좋았어." 제인이 대답했다.

에이미가 커피도 사고 휴대 전화를 충전할 곳을 찾기 위해 자리를 떴다.

햄버거를 사러 갔던 빌이 돌아왔고 제인과 빌은 햄버거를 먹기 시작했다. 빌은 곧바로 울린 휴대 전화를 받느라 햄버거 먹기를 중단해야 했다. 빌이 통화를 끝냈을 때 제인이 물었다. "일 때문에 통화한 건가요? 누가 승진할지 결정했나요?"

"물론. 스티브로 결정했어. 월요일에 공식적으로 발표할 거야. 오늘 회의에서 스티브는 정말 훌륭했어. 이번 계약을 분명히 우리가 딸 수 있을 거야."

"에이미는 당신이 프레젠테이션에 대해 비평했던 걸로 기분 나빠했어요. 겁먹은 것 같던데요." 제인이 말했다.

"그건 유감이군. 조금만 더 노력한다면 에이미도 훨씬 더 나아질 수 있을 텐데 말이야."

제인은 동의의 뜻으로 고개를 끄덕였고 두 사람의 대화는 다른 주제로 넘어가 에이미가 돌아오기 전까지 이어졌다.

그렇게 우연히 듣게 된 단편적 대화를 생각하며 나의 뇌리를 스친 것은 두 가지였다. 첫째, 제인은 에이미가 듣고 싶어 하는 대답을 해 주었다. "넌 아주 훌륭했어."라고 말이다. 둘째, 에이기는 자신의 상사로부터의 피드백을 언제나 무시했기 때문에 승진을 놓칠 가능성이 높다.

감정적, 직설적 커뮤니케이션에 대해 방어적이지 않고 개방성을 보이는데 나이 제한이 없다. 다음은 피드백을 요청하고 수용하는 능력에 관해 극명한 대조를 이루는 두 명의 기업 고위경영진의 사례다.

고객을 위해 글로벌 컨퍼런스를 주최할 계획을 가지고 있던 회사의 마케팅 팀과 함께 일했던 적이 있다. 컨퍼런스의 주제를 선택하고 메시지를 다듬고 동시에 진행될 다양한 소그룹 활동들에 대한 구성을 마친 후 나는 몇몇 연설자들에 대한 훈련을 시작했다.

처음 몇 차례의 수업을 끝냈을 때 마케팅 팀의 이사가 나에게 이런 말을 했다. "우리 직원들이 훈련을 받은 결과를 놓고 볼 때, 내 생각에는 우리 부서의 부사장 두 명을 훈련시킬 필요가 있을 것 같군요. 그들은 컨퍼런스의 개회사와 폐회사를 담당할 사람들입니다. 당신이 여기에 있는 이번 주 중에 그들이 시간을 할애한다면 그 사람들을 위해 별도의 교육을 진행해 주실 수 있겠습니까?" 나는 그렇게 하는데 동의했다.

그 주에 휴가 중이었지만 교육을 위해 기꺼이 하루를 할애했던 사람은 첫 번째 부사장이다. 두 번째 부사장은 그 주 내내 17층에 있었지만 교육을 위해 단 10분을 할애하는데 동의했을 뿐이었다.

많은 사람들이 피드백을 불편하게 받아들인다. 체면의 세워주는 일이 목적과 문화로 남아 있는 한 사람들은 딜레마에 빠지게 될 것이다. 그냥 침묵을 지키고 원만한 인간관계를 유지하는 것이 좋을까? 아니면 정직하게 커뮤니케이션 하고 문제를 해결하는 것이 옳은 방법일까?

평균 이하의 성과를 달성한 직원

성과가 평균 이하인 직원을 급여 지급 대상자에 남겨두는 것은 전체 조직에 해를 끼치는 불성실의 한 형태다. 계속해서 격려해 주고 급여 인상을 보장해 주는 것은 그들의 현실과 아귀가 맞지 않는 일이다. 그들은 자신들의 업무 실적이 평균에도 미치지 못하며 동료들의 실적과는 비교도 안 된다는 사실을 잘 알고 있다. 만약 당신이 그들의 성과에 대해 진실 되게 말해 주지 않는다면 다른 문제에 대해서도 당신이 진실을 말하는 것인지 그들이 어떻게 알 수 있겠는가?

> 대부분의 사람들은 직설적으로 자신의 생각을 표현하는 사람을 좋아한다. 그들의 생각이 우리의 생각과 다르지만 않다면 말이다.
>
> – 「그릿 매거진」

직원들은 누가 자기의 역할을 다하고 있는지 알고 있다. 그들이 모두 똑같은 대우를 받고 "성과에 따라 보상한다."라는 원칙에도 불구하고 모든 사람들에게 똑같은 피드백이 주어진다면 직원들은 당신이 한 다른 약속들마저도 액면 그대로 받아들이지 않을 것이다. 신뢰는 더더욱 깊은 수면 아래로 잠기게 될 것이다.

언제 떠날지 모르는 우수 직원

어떤 리더들은 평균 이상의 성과를 보여주는 우수한 직원들을 칭찬하는 일을 두려워한다. 그들이 얼마나 잘 해내고 있는지 말해 주면 자신이 가진 재능을 더욱 발전시켜 언젠가는 조직을 떠날 것이라고 판단하는 것이다.

어느 쪽이 더 나쁜 것일까? 성장하고 떠나는 것, 아니면 의욕을 잃고 떠나는 것 중에 어느 쪽이 더 문제가 있는 것일까 말이다. 격려가 없다면 값어치 있는 인재들은 자신이 인정받지 못하고 있다고 느낄 수도 있다. 그래서 자신을 인정해 주는 곳 또는 더 많은 격려를 받을 수 있는 곳으로 떠나게 될 수도 있다는 얘기다. 뛰어난 직원들도 열등한 직원들만큼이나 정직한 피드백을 필요로 한다.

자신의 성과와 실수

한 거대 오일 기업의 사업 개발 관리자는 한 해가 시작되는 시점에 자신이 수백 만 달러의 순수익을 가져다 줄 큰 가스 사업 계약을 거의 다 성사시켰다고 발표했다. 하지만 그 계약 건이 흐지부지되자 자신이 계약 성사의 확실성을 과장해서 발표했다는 사실을 동료들에게 도저히 말할 수 없었다. 매 분기마다 그는 가스 사업 계약이 여전히 성사되지 않고 있는 이유에 대해 엉터리로 꾸며진 애매모호한 설명을 늘어놓았고 그럼에도 불구하고 거래가 '조만간' 성사될 것이라고 주장했다. 모든 예산 계획은 그의 전망을 근거로 수립되었다. 결국 거래는 성사되지 않았고 예상 수익에 대한 손실은 조직 전체를 휩쓴 해일을 만들어 내었다.

자신의 실수를 인정해야 할 때에는 흔히 이런 말이 함께 덧붙여진다.

- "틀렸다는 것은 인정합니다. 하지만 다른 사람들도 마찬가지입니다."
- "그런 상황에서 달리 무엇을 기대했습니까?"
- "실제로 일어났던 모든 일의 뒷이야기들을 내가 다 알고 있지는 못하지만 상황이 더 나쁘지 않다는 것은 다행스러운 일입니다."

겉으로 드러난 메시지: 무의미한 대화란 말하는 사람의 실수 혹은 실패에 대한 변명을 의미하는 것이다. 실수를 인정하기보다 체면치레를 시도하는 것은 장기적으로 봤을 때 성공할 가능성이 거의 없다.

드러나지 않은 메시지: 자기 방어는 장기적인 신뢰성을 담보로 한 것이다.

조직의 형편없는 성과

최근의 보도 자료에서 발췌한 기사에서 알 수 있듯이 기업들은 흔히 형편없는 성과를 이와 같은 특유의 화법으로 표현한다. "지난 분기에 있었던 무성한 소문과 잘못된 언론 보도의 결과로 발생한 실질적 비용과 수익 감소 등은 실적에 부정적인 영향을 미쳤습니다. 이미 공식 발표된 기업 해체 계획에서 비롯된 불확실성 또한 직원이나 고객, 협력 업체들을 혼란스럽게 만들었던 요인으로 실적에 부정적인 영향을 미쳤다고 볼 수 있습니다 ……."

도대체 무슨 말을 하고 싶은 것인가? 아주 교묘하게 발뺌을 하고 있는 것이다. 책임을 물을 수 있는 누군가 혹은 어떤 것이라도 찾아 볼 것을 감히 권유하는 바다.

그 외 일반적으로 사용하는 화법에는 이런 것이 있다.

"(……) 몇몇 가지 요인들에 기인한 예상치 못한 경기 둔화는 고객들
  사이에서 커져가고 있던 근심을 더욱 증폭시키는 결과로 이어졌습니
  다……."

"(……) 이미 성숙되고 포화상태에 있는 시장에 진입한 새로운 경쟁자
  들……."

"(……) 치솟는 인건비와 소비자 불예측성은 수익을 억제해 오고 있습
  니다……."

"(……) 전 세계 소비자 시장의 점점 증가되는 불안정성은 가격 변동
  과 수익 불안정의 요인이 되고 있습니다……."

간단히 말해 원인은 언제나 외부에 있고 막연한 것이며 그 어떤 합리적인 예측으로도 어찌할 수 없는 인간의 통제 영역 밖에 있는 것처럼 보인다.

불만 고객

고객들 또한 이런 음모성 대화에서 그들의 방법을 찾는다. 이런 대화는 전형적으로 고객의 관례를 벗어난 요구부터 시작된다. 고객의 요구는 점점 더 기이해져 결국엔 조직 전체가 불성실한 대화 속으로 휩쓸려 들어가고 만다. "물론입니다, 고객님. 원하는 것은 무엇이든 말씀하십시오, 고객님. 물론 그것은 계약서에 없는 내용이지만 기꺼이 무료로 해드리겠습니다. 고객님. 당연히 추가비용은 없습니다."

한 동물 병원의 수의사는 드미트리 부인이 고양이를 데리고 병원을 찾을 때마다 이런 대화를 하지만 그 고객을 만족시킨 것은 아무것도 없었다.

어느 날, 드미트리 부인이 진료 예약을 하기 위해 전화를 걸어 왔다. 안내 직원이 드미트리 부인의 이름을 언급하는 순간 직원들의 대화는 시작됐다. 그 고객이 병원에 왔을 때 어떤 장면을 연출할 것인가? 그 고객이 원하는 방식으로 그 애완동물에게 먹이를 주지 않았거나 주사를 놓지 않았거나, 꼬리표를 붙이지 않았거나 혹은 쓰다듬지 않았던 직원은 누구였던가? 아니면 이번에는 새로운 불만을 제기할 것인가? 그 고객이 병원을 찾았을 때 정중하지만 불성실한 대화를 나누는 '영광'을 누가 차지할 것인가?

사무장이 수의사에게 제안했다. "이 고객을 해고시킬 수 없을까요?" 그녀는 지금까지의 대화 기록과 드미트리 부인이 병원을 찾았을 때마다 연출되었던 장면들을 일일이 짚어가며 재현했고 결국 수의사는 그녀의 의견에 동의했다. 사무장은 드미트리 부인에게 전화를 걸어 고객의 모든 애완동물 차트를 기꺼이 준비해 놓을 테니 다른 병원을 알아 볼 것을 제안했다. '고객이 원하는 방식의 애완동물 서비스를 제공해 줄 수 있는' 병원 말이다.

드미트리 부인은 단호한 어투로 말했다. "절대로 그렇게 하지 않을 겁니다. 이 병원이 아주 마음에 들거든요. 훌륭한 서비스를 제공해 주고 있으니까요."

그 날 이후로 드미트리 부인과 사무장은 고객이 원하는 일이 처리되지 않았을 때 단도직입적이고 성실한 대화를 나누기 시작했다.

피하기보다 직설적으로 대응하라

힘겨운 대화에서 빠져나오지 못하는 이유에는 여러 가지가 있다. 방어적 성향, 감정적 미성숙, 형편없는 성과, 우수한 인재를 잃을지도 모른다는 두려움, 개인적인 실수를 인정하는 것에 대한 두려움, 불만 고객 등 아주 다양하다. 성실한 대화는 존중과 신뢰, 변화 그리고 결과로 이어진다.

친절한 사람들은 때로 간접적인 대화를 예의바른 것과 혼동한다.

직설적인 언어라고 해서 반드시 퉁명스럽거나 경솔하거나 혹은 엄격할 필요는 없다. 명확한 커뮤니케이션이 예의바름과 존중을 의미할 수도 있다. 직설적인 대화는

> 친절한 사람들은 때로 간접적인 대화를 예의바른 것과 혼동한다.

진실을 교묘히 피하기보다 진실을 포용하고 명확한 단어를 포함하며 사실에 중점을 둔다.

의미를 왜곡하는 완곡어법을 제거하라

끔찍한 세부 사항들의 부재는 일상생활을 문명적이고도 참을만한 것으로 만들어 준다. "잠깐 실례해도 되겠습니까? 몸이 좀 아파서요. 잠시 후에 다시 돌아오겠습니다."라는 전형적인 표현 대신 "아침 먹은 걸 다 토해야 할 것 같아요."라는 말을 듣고 싶어 할 사람이 어디 있겠는가?

"내 사촌은 수년 전에 강도에게 살해당했습니다." 대신 "내 사촌은 수년 전에 강도의 칼에 찔려 내장이 터졌는데 누군가에게 발견되기까지 그대로 방치되어 과다 출혈로 죽었습니다."라는 설명을 듣고 싶어 할 사람이 있겠는가?

마찬가지로 완곡어법은 사회적 설정의 테두리 안에서 나름의 위치를 가진다. "우리 이웃은 앞으로 몇 년 동안은 지출 규모를 줄일 계획입니다."라는 말은 "우리 이웃은 돈 되는 것은 죄다 팔아서 파산을 막으려 하고 있습니다."보다 훨씬 우아하게 들린다. 학부모와 교사 간의 만남에서 학부모는 종종 "조니는 리더의 기질을 타고 났어요."라는 말을 듣게 된다. "조니는 별난 행동을 많이 해서 반 전체의 주의를 흩트려 놓고 있어요." 대신에 말이다.

그러나 직장에서는 완곡어법이 일을 더욱 복잡하게 만들 뿐이다. 한 관리자가 스

> 정직함보다 더 나은 지혜는 없다.
> – 벤자민 디스라엘리

스로 문제를 해결하기 보다는 문제가 있을 때마다 의사 결정을 내려 달라고 자신을 찾아오는 부하 직원에게 이렇게 말한다. "조던, 나는 상급자로서의 자네의 판단력을 믿는다네." 실제로 관리자가 하고 싶은 말은 "이런 사소한 문제로 나를 괴롭히는 일은 그만 둘 수 없겠나?" 그 밖에 다른 사례들도 친숙하게 들릴 것이다.

- "이 부서에 관한 그의 '전망'은 다른 사람들과 다소 차이가 있습니다."(특이한 철학? 경영의 스타일? 별난 통제 방법?)
- "그 프로젝트의 '변수'는 어느 정도 확장될 수도 있습니다." (직원 수? 범주의 변경? 목표의 추가?)
- "최종 결정을 내리기 전에 '모든 출처로부터의 의견'을 고려할 것입니다."(어떤 의견? 어떤 출처?)
- "몇몇 '기여 요인'들이 내년도 예산을 변경시킬 수도 있습니다." (법정 소송? 경쟁자? 제품 불량?)
- "당신의 보너스는 '고객 경험을 강화하는 일'에 근거하여 지급할 것입니다."(고객 만족 지수? 보다 신속한 체크아웃? 보다 매력적인 장식? 고객이 방문했을 때 보다 깨끗한 환경?)

당신이 곧 위임하려고 생각하고 있는 프로젝트를 들어야 하는 사람의 입장에 서보도록 하라. 제일 먼저 무슨 생각이 드는가? 다음 행동에 대해 아무런 생각이 떠오르지 않는다면 그다지 좋은 것은 아니다. 만약 객관식 문제가 머리에 떠오르고 모든 답이 맞다 혹은 아니다 이면 그 또한 그리 좋은 것이 아니다. 시험 문제에 결함이 있는 것이다.

당신이 전달하고자 하는 메시지가 얼마나 어려운 것이든 간에 일단 입 밖으로 꺼내 놓아야 한다. 만약 당신이 행동이 따라오길 원한다면 공식적으로 성명을 발표하라.

사실 그대로를 말하라

누군가의 업무 성과에 관하여 대화하는 것은 쉽지 않다. 이 같은 대화에서는 특징적인 결함보다는 사실에 중점을 두어야 한다.

과거에 일어났던 일 또는 현재 일어나고 있는 일에 대해 검토하라. 사실을 똑바로 인지하라. 지금 일어나고 있어야 할 일은 어떤 것인가? 기준 또는 목적은 무엇인가? 변화를 가져오기 위해 필요한 행동은 어떤 것인가? 그 행동의 주체는 누구인가, 당신인가 아니면 다른 사람인가? 누군가의 의도를 해석하거나 유년기의 정신적 충격을 분석하는 정신과 의사나 독심술사가 될 필요는 없다. 불멸의 미래, 즉 누가 행복하게 오래 살 것인지 누가 그렇지 못할 것인지에 대해 토론할 필요도 없다.

> **체면치레가 문제 해결의 훌륭한 대안이 되는 경우는 극히 드물다.**

현재 진행 중인 쟁점이나 사건, 습관 등에 대해 있는 그대로를 말하면 된다. 악의가 아닌 존중을 가지고 말하되 당신이 필요로 하는 특정한 변화를 요청하는 것이다.

나쁜 의도이건 그렇지 않건 간에 의도적으로 불명확한 커뮤니케이션은 개인은 물론 조직 전체를 파괴할 수도 있다. 그런 문화에서는 누구나 사이가 좋고, 누구나 참여한다. 그리고 모두가 함께 실패한다. 체면치레가 문제 해결의 훌륭한 대안이 되는 경우는 극히 드물다. 방어적인 성향보다는 개방적인 커뮤니케이션과 감정적인 성숙함이 신뢰와 탁월함을 배양한다.

제5장

꼭 실천을 통해 재확인하라

커뮤니케이션의 일관성

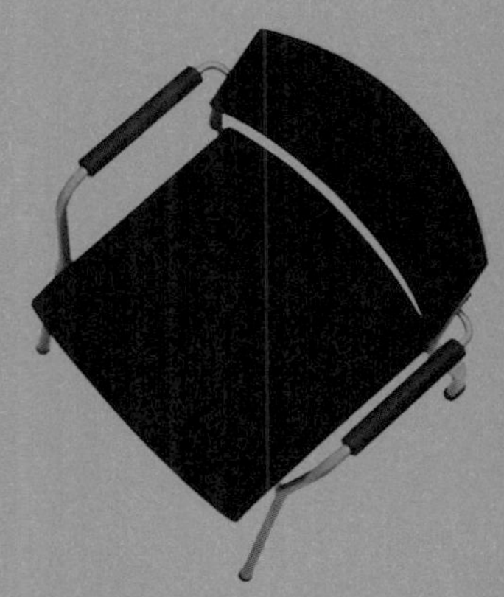

당신의 말에 의심을 품는 사람이 있을 지도 모른다. 하지만 당신
의 행동은 항상 신뢰할 것이다.

– 익명

부모들은 자녀에 대한 모순된 행동이라는 딜레마에 대해 익히 알고 있다. 그래서 "내가 하는 대로 따라해." 대신 "내가 시키는 대로 해."라고 말한다. "사랑한다."라고 말하지만 함께 시간을 보내는 일에 실패한 부부는 이혼 법정에 서고 만다. 팬들에게 감사하다고 말하지만 그들의 접근을 허락하지 않는 연예인은 결국 그 인기가 사라지게 마련이다.

고객과 직원들도 직장에서 모순된 행동을 목격하게 되면 이와 똑같이 마법이 풀리는 현상을 경험하게 된다. 당신의 말이나 행동, 침묵까지도 주변에선 모두 인지한다. 당신은 다음과 같은 수단으로 커뮤니케이션을 하고 있는 것이다.

- 당신이 집행한 정책과 당신이 무시한 정책

- 당신이 보상한 행위와 당신이 처벌한 행위

- 당신이 업무 시간에 허용한 행위와 불허한 행위

- 당신이 돈을 사용한 곳과 사용하지 않은 곳

- 당신이 시간을 사용한 곳과 사용하지 않은 곳

- 당신이 광고한 제품과 서비스의 품질 그리고 실제로 당신이 전달한 제품과 서비스의 품질

리더로서 당신의 도전 과제는 모든 것이 일치하도록 만드는 것이다. 당신이 말한 것과 행동한 것 모두 다 말이다.

사람들이 분노하는 이유

주가가 폭락하고 있을 때 한 대형 통신회사는 자사의 최신 제품에 대해 고객의 지지를 권유하는 전면 광고를 『월스트리트 저널』에 실었다. 광고의 헤드라인은 그들의 소프트웨어 디자이너들이 고객이 원하는 것에 얼마나 귀를 기울였는지를 강조하는 내용이었다.

광고에 소개된 수신자 부담 전화번호로 전화를 건 한 고객은 단 한 명의 직원과 실제로 통화를 해 보지도 못하고 기계에 녹음된 음성 안내를 통해 아홉 번이나 들어야 했다. 마침내 마지막 아홉 번째 음성 안내자가 광고에 소개되었던 최초의 수신자 부담 전화번호를 다시 안내해 주었다. 전화를 걸었던 고객은 회사의 최고경영자에게 서신을 보내 회사의 과장 광고와 현실 업무 사이의 모순이 주식 가격을 폭락시키는 원인이라고 지적했다. 이 고객의 서신은 회사의 고객 서비스 교육에서 고객과의 커뮤니케이션에서 '하지 말아야 할 것'의 사례가 되었다.

마찬가지로 개인들도 말과 행동에 일관성을 유지하는데 어려움을 겪고 있다. 예를 들면 이런 것이다.

- 탁월한 성과를 보여준 직원에게 보상을 지급한다고 말하고서 이사회 임원 전체에게 같은 비율의 능력제 승급을 보장해 주는 관리자.
- 직원의 의견을 소중하게 생각한다고 말했지만 직원의 의견에 대한 대응에 실패하는 관리자.
- 개방적 정책을 지지하지만 나쁜 소식을 전하는 사람의 목을 치고 반대자를 해고하는 관리자.
- 고객의 가까이에서 머물 수 있는 방법의 핵심은 권한의 분산이라고 말하면서 500달러를 환불해 주는데 다섯 단계의 승인 절차를 거치도록 하는 관리자.
- 자금 사정이 어렵다는 이유로 임금 인상을 동결하고서 동쪽 건물을 개조하여 중역을 위한 주차장을 만드는 경영자.

세부 사항을 재확인하라

지난 봄 우리는 평점 3.5점을 받은 23살의 다 학 졸업생을 행정 보조원으로 채용했다. 몰리는 면접 과정에서 우리에게 강한 인상을 주었고 자신의 전공인 커뮤니케이션 분야의 일을 하고 싶다고 주장했다. 비즈니스와 기술적 작문은 우리 회사가 기업 고객들에게 제공하는 서비스 중의 일부이므로 고객과의 커뮤니케이션을 위해 직원들이 작성한 모든 문서는 교정 작업을 거쳐야 한다는 것을 몰리에게 분명히 지적해 주었다. 고객들은 실수를 찾아내는데 아주 능하며 가끔 "딱 걸렸어."라는 식의 반응을 보일 때도 있기 때문이다.

몰리는 모든 소프트웨어와 절차를 단시간 내에 습득하는 능력을 보여 주었다. 구두법에 약간의 도움이 필요한 것만 제외하면 몰리는 업무를 거의 완전히 습득한 것으로 간주해도 좋다는 것이 직속상관의 의견이었다.

9일째 되는 날 몰리가 갑자기 퇴사하겠다고 말했을 때, 우리가 얼마나 놀랐겠는가? "이 일은 저한테 맞지 않는 것 같습니다. 쉼표나 세미콜론, 철자법, 오타 같은 것은 저에게 그다지 중요한 것이 아니에요. 사실 전혀 중요하지 않습니다."

만약 당신의 직업이 구두 판매원이었다면 그런 것들이 전혀 중요하지 않았을 것이다. 하지만 당신이 지식 노동자라면 말은 곧 아이디어의 교환을 의미하는 것이 된다.

동료들이 몰리가 한 말을 두고 번갈아 비웃고 불평하며 몰리를 교육시키는데 낭비했던 시간들에 대해서 불평하고 있을 때 나는 보다 큰 쟁점에 대해 생각했다. 세부 사항에 주의를 기울이는 것과 어떤 일이든 정확성을 기하는 것에 대해서 말이다.

약병과 알약을 제대로 맞추어서 넣는 일이나 비행기 예약에서 여행자의 이름과 비행 편수를 정확하게 맞추는 일, 소프트웨어 코드에 괄호를 첨가하는 일, 자동차 바퀴에 적합한 러그 너트를 끼우는 일 등등.

그 주 토요일 미장원에 앉아 있으면서 나는 같은 질문을 해 보았다. 일을 제대로 처리하는데 주의를 기울이도록 하는 것이 너무 지나친 기대인가? 이메일 작성법을 가르치면서 기록을 담당하는 회사의 행정 보조원이라면 콤마나 세미콜론을 문서의 어디에서 사용하는지 알고 있어야 한다고 말한 것이 그렇게 지나친 요구였던가 달이다.

미장원의 미용사는 내 의견에 동의하며 이런 얘기를 들려주었다. 그 미장원에 고용된 지 6주 정도 된 미용사는 일주일에 평균 이틀은 이런저런 이유로 고객과의 약속 시간을 지킬 수 없게 되었다고 전화를 한다는 것이다. 미장원 사장은 예약을 취소하거나 그 미용사가 담당했던 모든 고객을 다른 미용사의 예약 명단으로 옮겨 놓아야 했다. 그 미용사의 종신 재직권은 곧 만료되었는데 동일한 이유, 즉 세부 사항에 대한 헌신과 주의가 부족했다는 이유로 말이다.

나의 요지는 시간 엄수가 아니라 태도에 관한 것이다. 세부 사항에 주의를 기울이는 것은 고객과의 커뮤니케이션에 대한 품질과 헌신, 일관성을 반영한다. 누군가 나에게 "나는 세부적인 것을 챙기는 사람이 아닙니다."라고 말하면 나는 식은땀부터 흘린다.

이런 말을 최고경영자들로부터 듣게 되는 일은 거의 없을 것이다. 그들은 언제나 '세부 사항에 주의를 기울이는 사람들'이다. 문제는 어떤 세부 사항이 그들의 관심을 받을 만한 가치가 있느냐다. 그들은 세부 사항, 그것도 중요한 세부 사항을 향해 돌진한다. 세부 사항이 기업 전체를 살릴 수도 혹은 파괴할 수도 있다는 것을 알고 있기 때문이다.

일관성이 있거나 혹은 없거나 세부 사항에 대한 주의력은 전반적인 메시지를 만들어 낸다. 그 메시지는 당신이 다른 사람들로부터 기대하는 업무의 질에 대한 커뮤니케이션의 상당 부분을 담당하게 될 것이다.

당신의 약속을 이행하라

금융 서비스 회사에 다니는 캐롤은 스트레스 장애로 인해 6개월 간 병가를 낸 적이 있고 지금은 조기 퇴직을 고려하고 있는 중이다. 그녀는 25세의 전문 직업인이자 우수한 직원이다. 상사와의 커뮤니케이션 부재에 관한 캐롤의 스토리는 이런 것이다.

회사가 계속해서 직원들을 해고 시켰기 때문에 업무량은 점점 늘어났습니다. 남아 있는 사람들이 끊임없이 부담을 떠안아 주길 기대한 거죠. 일주일에 며칠은 집에서 일을 했습니다. 새벽 4시에 컴퓨터를 켜면 수백 개의 이메일이 도착해 있는 거예요. 매일 아침마다 똑같은 일이 반복되었죠. 아침마다 컴퓨터를 켜기만 하면 수백 개의 이메일이 쌓인 채 처리되기만을 기다리고 있는 겁니다. 나는 매일 저녁 5시나 5시 30분까지 일을 했어요. 그리곤 개를 산책시키고 저녁을 준비하죠. 7시 30분쯤에는 다시 컴퓨터 앞에 앉아 10시까지 일을 한 다음 잠자리에 듭니다. 그리고 새벽 4시에 다시 컴퓨터를 켜요. 똑같은 일상이 반복되는 것이죠. 나는 부서의 관리자에게 도움이 필요하다고 이야기했습니다. 12명의 직원이 하던 일을 고작 6명이 감당하고 있었거든요. 그러면 상사는 이렇게 말하곤 했어요. "그래, 그래, 알았어. 어떤 것이든 필요한 게 있으면 얘기하도록 해." 도움이 필요하다고 이미 말하고 있었는데 말이죠. 그는 방법을 찾아서 알려 주겠다고 했지만 그렇게 하지 않았습니다. 더 이상 이대로는 참을 수가 없어요.

캐롤의 상황은 그다지 특이한 상황이 아니다. 여기에 연관된 관리자와 얘기를 나누어 보면 그의 상사는 그가 직원 수를 늘려달라거나 더 많은 예산을 달라는 등의 요청을 할 때 "그래, 그러, 알았어. 어떤 것이든 필요한 게 있으면 이야기하도록 해."라고 말한다고 할지도 모른다.

약속은 언젠가는 지켜져야 한다. 보고서를 보내겠다고 말했다면 보고서를 보내도록 하라. 전화하겠다고 말했다면 전화하라. 회의 시간을 정하겠다고 말했으면 회의 시간을 정하고 입찰자 명단에 이름을 올려 주겠다고 말했으면 이름을 올려 주어라. 자금에 대한 승인을 해주겠다고 말했으면 승인해 주어라.

신뢰할 수 있는 커뮤니케이터는 자신이 한 약속을 끝까지 지킨다. 그렇지 못하다면 약속하는 일을 중단하라.

당신이 만든 규칙을 집행하라

정치인들이 이런 말을 하는 것을 자주 들을 것이다. 우리에게 필요한 것은 더 많은 법 규정이 아니다. 이미 가지고 있는 법을 집행하는 일이 필요한 것이다.

같은 내용을 기업에 적용하면 어떻게 될까? 신뢰할 수 있는 커뮤니케이터가 되려면 이미 이사회 전체에 안정적으로 보급되어 있는 공식적인 정책을 적용할 수 있어야 한다. 만약 당신이 X라는 행위는 해고의 사유가 된다고 말했다면, 그런데 당신이 총애하는 직원이 X라는 행위를 저질렀다면, 그래도 당신은 당신의 정책을 고수해야만 한다. 만약 당신이 Z 범주에 해당하는 성과를 올린 팀에게 보너스를 지급하겠다고 말했다면 팀원 10명 중 8명이 성과를 달성했더라도 정책에 준하여 보너스를 지급해야만 한다.

심리학자들은 어린이들에게 혼란을 주고 규율을 파괴하는 가장 좋은 방법이 규칙을 비 일관적으로 적용하는 것이라고 말한다. 예를 들어, 저녁 8시 당신은 아이들에게 잠자리에 들 시간이라고 말을 했지만 아이들을 재우기 위한 아무런 노력도 하지 않았다. 8시 15분이 되어도 아이들은 자러 갈 생각도 하지 않고 있다. 당신은 장난감을 제자리에 갖다 두라고 말하고 8시면 잠자리에 들어야 한다는 것을 다시 한 번 강조한다. 8시 30분, 아이들에게 당신은 잠자리에 들 시간이 훨씬 지났으며 "더 이상 장난이 아니다."라고 말한다. 9시가 되어서야 당신은 마침내 텔레비전을 끄고 아이들을 침대로 데리고 간다.

다음 날 저녁에도 똑같은 상황이 반복 된다. 그 다음날에도 마찬가지다. 넷째 날 저녁 8시, 당신은 아이들에게 잠자리에 들 시간이라고 말한다. 아이들은 꼼짝도 하지 않는다. 8시 15분, 당신은 화가 치밀어 올라 아이들에게 손찌검을 한다. 첫째 날부터 이미 잘못된 것이다. 아이들에게는 '기록된' 규칙은 심각하게 받아들이지 않아도 되는 것으로 이미 학습되어진 것이다. 넷째 날 저녁 '사전 경고'도 없었던 엄격한 집행은 불공평하다고 느낄 것이다.

성인도 똑같은 방식으로 반응한다. 규정 속도는 70킬로미터이지만 너나 할 것 없이 80킬로미터로 주행하고 있는 고속도로를 달려본 적이 있는가? 교통경찰이 당신의 차를 세우고 딱지를 뗄 때 "왜 나만 딱지를 떼는 거야? 다른 사람들도 같은 속도로 달리고 있는데!"라고 생각해 본 적이 있는가?

어떤 사람들이 연관되었든 혹은 어떤 상황이든 간에 비일관성은 분노를 양산한다. 어떤 종류이든 정책 시행의 일관성은 신뢰를 구축한다.

당신이 원하는 것에 보상을 지급하라

파블로프Pavlov에게는 통했던 방법이다. 부모들에게도 로마 교황에게도 통하는 방법이다. 사람들이 노력을 기울이고 당신이 원하는 결과를 이루어냈다면 그들에게 보상을 지급하라. 띄엄띄엄 혹은 가끔씩이 아니라 일관성 있게 지급하라. 영업 관리자들은 제대로 된 보상이 없다면 일류 영업팀에게 지속적으로 동기 부여를 할 수 없다는 것을 잘 알고 있다. 보상은 정치나 스포츠, 여가 생활, 기업가적인 모험, 종교 등 삶의 거의 모든 부분에서 중요한 역할을 한다.

돈은 보상의 한 형태일 뿐이다. 그 이외 다른 형태의 보상에는 가벼운 격려의 말이나 리더의 역할, 보다 많은 책임감, 보고 체계, 고객과 동료들 앞에서의 인정, 만족스러운 업무, 중요한 사람들과 대면하는 것, 유망한 직책, 보다 능력 있는 사람들과 함께 일할 수 있고 그들로부터 배울 수 있는 기회, 보다 흥미로운 사람들과 상호 작용할 수 있는 기회, 여행, 여행으로 인한 휴식, 안식일, 교육, 아이디어를 백서나 기사, 책으로 발행하는 것 등이 포함된다.

가장 중요한 기여에 따라 당신이 매번 그것을 인지하고 보상을 지급한다는 것을 사람들이 신뢰할 수 있도록 하라. 보상을 지급하는 것으로 감사와 인정의 커뮤니케이션을 수행하라.

정책의 방침을 사수하라

당신의 말을 구체화하라. 당신의 가치를 실현하라. 노스캐롤라이나의 하이 포인트에 있는 재학생이 3천 명 정도 되는 작은 대학인 하이 포인트 대학High Point University은 이 개념을 제대로 이해하고 있다. 실제로 이 대학의 총장인 니도 퀘베인Nido Qubein 박사는 2005년 1월에 총장으로 취임하면서 대학의 사명 선언문을 저작성하는 방법으로 학교의 이미지와 물리적인 전망을 전면적으로 개편하는 작업을 시작했다. 이 학교의 현재 사명 선언문에는 이렇게 쓰여 있다. "모든 학생은 그들을 보살펴 주는 사람들과 재미있는 환경 속에서 특별한 교육을 제공 받는다."

그런 방침을 사수하기 위해 그가 취임 후 18개월 동안 시행한 일은 이런 것이다. 무엇보다 그는 학생과 학부모가 교정에 들어왔을 때 환영받고 있다는 느낌을 받기를 원했다. 그런 환영은 신입생과 학부모들이 제일 처음 학교를 방문했을 때부터 시작된다. 그들이 학교의 주차장으로 들어오면 방문하는 학생의 이름이 주차 표시판에 나타난다. "환영합니다. 수지 스미스." 신입생과 학부모는 총장실로 안내되어 퀘베인 박사를 직접 만나게 된다. 만약 그가 자리를 비웠다면 그들이 방문한 날에 자신이 자리를 비운 것을 사과하는 총장의 메시지가 담긴 DVD를 받게 된다.

입학하는 날, 대부분의 대학 신입생들과 학부모들이 경험하는 여름철의 뜨거운 햇볕아래서 짐이 가득 든 상자를 들고 계단을 오르락내리락 하는 전형적으로 지겨운 입학 과정 대신 하이 포인트의 신입생들은

차에서 짐 내리는 일을 거들어 주는 재학생들을 만난다. 짐을 푸는 동안
에는 얼음처럼 시원한 생수와 아이스크림을 제공 받는다. 총장이 직접
캠퍼스를 돌아다니며 악수를 하고 학부모를 만나고 눈이 휘둥그레진 신
입생들에게 인사를 건넨다.

학부모들에게는 안전에 관한 문제가 또 다른 관심사로 떠오른다. 하이
포인트 대학에서는 유사한 규모의 다른 대학과는 달리 범죄가 더 이상 걱
정거리는 아니지만 학교에서는 9시 이후부터 기숙사 주차장에서 주차 대
행 서비스를 제공하여 학교에서 학생들의 안전에 관심을 기울이고 있으
며 밤늦은 시간 캄캄한 주차장을 홀로 걷는 '섬뜩한' 생각을 차단하고 있
다는 정책을 학부모에 대한 커뮤니케이션의 방법으로 사용하고 있다.

개인 존중은 하이 포인트 대학의 가치 목록에서 아주 높은 위치를 차
지하고 있다. 교정 내의 모든 개보수 공사는 먼지를 만들어 낸다. 이 경
우의 개인 존중은 학생들의 차량에 대한 토요 무료 세차로 해석된다.

관대함 또한 하이 포인트의 가치 목록에서 상위를 차지한다. 매점에
서는 무료로 음식을 공급한다. 여름에는 아이스크림을, 겨울에는 따뜻
한 코코아와 수프를 제공한다. 학생들은 이런 것을 보고 관대함을 배우
고 또 주변에서 그대로 실천한다.

자신감 또한 학생의 경력에 큰 혜택이 될 수 있다. 학교 내에서는 물
론 그 이후까지도 말이다. 풍선껌 자판기를 총장실 바로 앞에 설치하여
학생들이 자판기를 이용하는 동안 높은 사람과 스스럼없이 담소를 나누
고 자신의 생각을 표현할 수 있는 기회를 가지도록 권장한다.

자신의 가치를 커뮤니케이션하고 하이 포인트 대학의 '정책의 방침을 사수'하고자 했던 쿼베인 박사의 노력에 대한 최종적인 효과는 그 결과로 대변된다. 그가 취임한 이후 최초 18개월 동안 이 조그만 대학의 기부금은 놀랍게도 1억 달러 이하로 내려가 본 적이 없다. 과거 40년 동안 모금된 기금보다 더 많은 액수다. 그가 취임한 이후 신입생 등록률은 45퍼센트나 향상되었다.

당신의 말과 가치를 본보기로 만들어라. 배우들이 그렇게 하는 것처럼 직장에서 당신의 역할을 맡은 등장인물이 되어라. 그보다 더 나은 것은 당신의 역할을 당신의 자서전으로 만드는 것이다.

머물 수 있도록 행동하라

상사나 동료들, 고객들과 사교적 관계를 맺는 것은 비일관성을 제공하기도 한다. 직업을 통해 보는 것이 반드시 근무 외적인 시간에 발생하는 일과 조화를 이루는 것은 아니다. 다음의 정보를 명심하여 시사회나 휴가 파티에서 가지는 사교적 만남이 수십 년 동안 헌신해온 직장에 구멍을 내는 일이 없도록 하기 바란다.

• 당신의 유머가 당신의 건강에 위험이 되지 않도록 하라. 당신은 당신
  이 하는 말뿐만 아니라 당신이 웃기다고 생각하는 사람들에 의해서

판단된다.

- 건드리지 마라, 지나치지 마라, 생각조차 해선 안 된다.

- 당신의 직장이 거기에 달려 있는 것처럼 마셔라. 단, 적당히 마셔라. 보스나 동료들과의 사교적 관계는 너무 많은 것을 가지기에는 부족한 시간이다. 그래야 한다면 사적인 근심거리는 뒤뜰에 묻어 버리도록 하라.

- 입이 아닌 귀를 사용하라. 성가신 사람이 되어서는 안 된다.

- 담낭 수술이나 영업 목표 같은 주제는 다른 날로 미루어 두어라. 사람들은 당신에게 사생활이 있는지 알고 싶어 하며 비즈니스 외의 다른 주제에 관해 이야기를 나눌 수 있는지 알고 싶어 할 뿐이다. 하지만 분명 그들은 당신이 비즈니스 관계의 사교적 상황에 맞는 주제를 선택해 주리라 기대할 것이다.

- 엄마를 자랑스럽게 만들어 주어라. 매너에 신경을 써야 한다. 엄마는 당신을 잘 차려 입힌 다음 데리고 나갈 수 있는 사람이지 않은가.

요약해서 말하자면 근무 시간 이후의 당신의 삶이 9시부터 5시까지의 삶을 뒤흔들어 놓아서는 안 된다는 이야기다. 동료들이 프로젝트 리더로 파티광을 선호한다 할 지라도 그것이 당신의 상사나 고객에게 보여 주고 싶은 당신의 모습으로 이어지지 않을 수도 있다. 사람들은 근무 외 시간에 당신이 보여 주는 행동이 당신이

업무적으로 행하는 커뮤니케이션을 무효화시키지 않을 것이라는 점을
알고 싶어 한다.

야간 우편배달이나 정해진 시간에 출발하는 비행기 혹은 당신이 가
장 좋아하는 식당의 음식 등 개인 또는 기업 커뮤니케이션의 모든 측면
에서 일관성은 아주 중요한 것이다.

제6장

동의에 앞서 신뢰를 얻어라

커뮤니케이션의 신뢰성

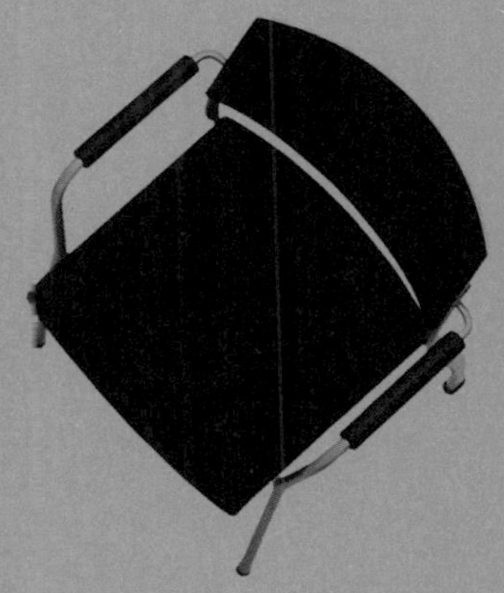

커뮤니케이션을 할 수 없다는 것은 부끄러운 일이다. 그런 사람
이 당신 회사의 관리자로 있다면 그것은 대 참사이다.
－『포춘』

결국 문제는 당신이다. 만약 주변의 사람들이 당신은 개인적으로 신뢰할 수 있는 사람이라고 생각하지 않는다면 당신의 메시지에 주의를 기울이는 사람도 없을 것이다. 온종일 컴퓨터 뒤에 숨어서 주로 이메일이나 인터넷을 통해 커뮤니케이션을 하는 사람은 신뢰성을 구축하는데 아주 두드러긴 취약점을 가지고 있는 사람이다.

일반적으로 주변 사람들이 가지고 있는 당신에 대한 신뢰도를 저하시키거나 신뢰도 저하에 기여하는 것에는 다섯 가지가 있다.

- 외모 요소 – 당신의 겉모습과 옷차림, 몸단장, 몸짓 등과 같은 물리적인 존재.

- 언어 요소 – 당신이 선택하는 단어와 자신의 생각을 표현하는 데에서 나타나는 결단력.

- 호감 요소 – 다른 사람들과의 사이에서 당신이 생성하는 자신의 인성과 사회적 작용.

- 성격 요소 – 당신의 가치와 성실함.

- 경쟁력 요소 – 당신의 기술과 결과물에 대한 과거의 기록.

웹 커뮤니케이션이 복잡성을 더한다는 사실은 즉각적으로 확인할 수 있을 것이다.

- 웹사이트의 기사 게제나 채팅, 이메일 등에 수반되는 익명성은 그 사람에 대한 의구심을 불러일으킨다. 이면에 숨어 있는 사람은 누구인가?
- 동영상이나 텔레비전 회의를 통해 '사람을 만나는 것'으로는 상호작용을 어렵게 만든다. 텔레비전 회의를 통해 면접을 봐야 하는 불쌍한 지원자가 안타까울 뿐이다. 동영상을 통해 6만 명의 직원들에게 연설을 하는 최고경영자 또한 똑같은 도전 과제에 직면하는 것이다.
- 몸짓과 목소리의 높낮이는 이메일을 통해 전달되기에는 어려움이 따른다.
- 메이크업, 대본, 코치 등과 같은 기술이나 미디어 전문가들이 요구하고 기여하는 세련됨은 종종 사람들이 보고 싶어 하는 신빙성이나 비공식성에 역행하는 결과를 가져온다.

경쟁력은 상당히 큰 부분은 차지한다. 사람들은 승자를 신뢰하고 추종하고 싶어 한다. 당신에 대한 신뢰를 결정할 때 사람들은 오래된 격언을 신중하게 검토한다. "그렇게 영리한 사람이라면 어째서 부자가 아닌가?" 여기에 관해서는 제9장에서 보다 심도 있게 다루도록 하자. 성격 또한 사람들이 당신의 말에 귀를 기울이는데 강력한 요인으로 작용한다. 실제로 이것은 판단을 내리는 결정적 요소가 될 수도 있다. 진실을 말하는 것과 일관성에 관해서는 이미 제1장과 제5장에서 다루어졌다.

여기에서는 경쟁력과 성격을 제외한 나머지 세 가지의 신뢰성 요인, 즉 외모, 언어, 호감 요소에 대해 중점적으로 다루어 보도록 하자.

외모 요소

당신은 주말 신문에 두 건의 광고를 게재하고 있다고 상상해 보자. 하나는 기업의 재무 담당 최고 책임자를 뽑는 광고이고 다른 하나는 건물 관리인의 보조원을 구하는 광고다. 월요일 아침 당신이 사무실에 도착했을 때 로비에서 면접을 기다리고 있는 두 사람을 발견했다면 그 두 사람이 어디에 지원한 사람인지 대충 판단을 내릴 수 있는가? 무엇에 근거를 두고 판단을 내리겠는가?

잘못된 의상이 신뢰성을 파괴할 수 있다

변호사들은 배심원들로부터 유리한 판결을 받도록 하기 위해 의뢰인에게 특정한 의상을 하도록 권유한다. 영화 제작자들은 의상이 제대로 갖추어지지 않으면 영화를 찍을 생각도 하지 않는다. 스타일리스트들은 고위경영자들에게 월 스트리트 분석가들의 신임을 얻고 투자가들로부터 지지를 받으려면 어떤 의상을 해야 한다는 조언을 해주는 것으로 큰 돈을 번다.

스타일과 적합성은 끊임없이 변화하는 것이다. 오늘날 단 한 가지 패션의 법칙이 있다면 그것은 "어떤 것이든 통한다."는 것이다. 특별한 행사에 어울리는 의상에 대해 물어 본다면 누군가로부터 이런 말을 듣게 될 가능성이 높다. "걱정하지 마세요. 온갖 종류의 의상을 보게 될 겁니다. 입고 싶은 대로 입으세요."

그것은 경력을 제한하는 행위가 될 수 있을 뿐만 아니라 장기적으로 볼 때 의상이 신뢰성을 파괴할 수 도 있다고 가정할 수 있다.

어떻게 하면 제대로 된 의상을 갖출 수 있을까? 힙합 랩퍼나 브리트니 스피어스에서부터 워렌 하딩 대통령의 구식 스타일에 이르는 다양한 범위 내에서 가장 중요한 행사에 어떤 의상을 해야 하는 것일까?

여기 세 가지의 힌트가 있다.

- 자신감을 가질 수 있고 편안하며 자신을 가릴 수 있는 의상을 하라. 그렇다고 잠옷을 입거나 머리를 움직일 때 마다 머리카락이 얼굴로 쏟아지는 '자연스러운' 머리 모양을 말하는 것은 아니다. 당신이 전달하고자 하는 메시지에 정신을 집중해야 할 시점에 의상이나 머리 모양 때문에 안절부절 못하고 있어서는 안 된다는 말이다.
- 당신과 청중들 사이의 장벽을 제거하라. 모든 사람이 반바지 차림인 해변 리조트 휴양지에 완벽한 정장을 갖추어 입고 등장하는 것은 금물이다. 고객의 문화권에서 정장 차림이 아닌 사람을 무례하거나 건방지다고 판단한다면 스포츠 캐주얼 차림으로 고객을 만나는 것도 피하라.

- 당신이 하는 일에 성공적인 사람처럼 보이도록 하라. 당신이 감당할 수 있는 범위 내에서 가장 좋은 품질의 옷을 선택하라.

당신의 행동이 메시지를 전달한다

플라스틱 장난감 인형같이 딱딱한 행동은 퇴출이다. 마음의 평정과 존재감은 당신이 하는 말에 자신감을 불어 넣는다. 당신의 행동을 딱딱함이 아닌 편안함으로 만들어라. 당신의 자세와 움직임, 몸동작, 매너리즘은 당신이 말을 할 때 주의를 집중하도록 만들지만 당신이 접근 가능한 사람이라는 메시지를 전달하게 될 것이다.

공간이나 청중의 규모가 클수록 전달하고자 하는 메시지를 강조하고 청중과 연결되기 위한 당신의 몸동작이나 움직임도 커져야 한다. 일반적으로 어깨를 이용한 몸동작은 보다 큰 영향력을 가진다. 몸통으로부터 위로 올라가거나 바깥쪽으로 향하거나 크게 보이거나 멀어져 보이는 것처럼 말이다.

당신의 눈은 가장 강력한 메시지를 전달한다. 대통령 후보자 토론회의 마지막 2분을 상상해 보라. 후보자는 카데라를 똑바로 쳐다보고 카메라는 그런 후보자를 클로즈업 한다. 배우나 가수, 기자들이 그러했듯이 그들도 '카메라와 사랑에 빠지라는' 주문을 받는 것이다. 그 마지막 2분 동안 얼마나 잘 해내느냐가 바로 대통령 선거의 승패를 좌우할 수도 있다.

언어 요소

언어는 몇 가지 측면에서 당신의 신뢰성을 반영한다.

- 단어의 선택. (공식적 또는 비공식적 단어, 선동적 단어, 정확한 단어, 명확한 단어, 구체적인 단어, 애매모호한 단어, 일반적인 단어, 불경스러운 단어 혹은 그로 인해 야기되는 부족함, 군더더기 표현, 올바른 문법, 특수 용어.)
- 문장의 구조. (단순한 문장 혹은 뒤엉킨 문장.)
- 즉석에서 그리고 사전 계획에 의해 아이디어를 간결하고 명확하게 표현할 수 있는 능력.
- 균형과 재치, 권위를 유지하며 도발적인 질문에 대응할 수 있는 능력.

예를 들어, 최근에 있었던 법정 공방에서 한 변호사는 이메일과 전화 통화의 데이터베이스 기록에 남아 있는 자동 일시 기록을 '기억' 행위로 표현했다. 고객 관계 관리CRM 시스템을 일상적인 사무용 소프트웨어를 사용하는 사람이라면 그런 데이터베이스 패키지가 시간과 날짜를 자동으로 기록한다는 사실을 이해할 수 있을 것이다. 그 변호사가 선택한 '기억'이라는 단어는 그런 소프트웨어의 운용 방법에 대한 지식이 부족하다는 것을 보여주는 것이다.

기업의 최고경영자가 중동 지역으로의 출장에 '무익한 일' 또는 '연구 출장'이라는 단어를 사용하였다면 그 기업이 계획하고 있는 정치 헌금의 의도를 짐작할 수 있는 단서를 제공하는 것이다. 전체 회의에서 한 직원이 "사용하지 않은 병가를 임금으로 돌려받아야 한다고 생각하십니까?"라는 단도직입적인 질문을 했다면, 그 대답으로 아주 명확한 답변이 아니라면 듣는 사람을 혼란스럽게 만드는 헌담이 될 것이다. 공격적인 질문을 받았을 때 어떤 관리자는 그와 유사한 공격적인 반응을 보이는 반면, 어떤 관리자는 세련되고 매력적인 대응으로 질문한 사람이 그런 문제를 꺼낸 것을 후회하게 만들기도 한다.

언어는 당신의 신뢰성에 대한 진열장이 될 수도 있고 약점이 될 수도 있다.

맥도널드와 리츠칼튼, 장소를 구분하라

맥도널드와 리츠칼튼은 둘 다 우리의 라이프스타일에서 나름의 위치를 차지하고 있다. 맥도널드에서 햄버거를 사 먹을 때 당신은 청바지에 스웨터를 입고 있을 것이다. 리츠칼튼 호텔에서 그객을 접대하거나 기념일을 축하할 때는 가장 좋은 옷을 입고 있을 것이다. 당신은 두 장소 모두에서 어떤 옷을 입어야 할 지, 어떻게 행동해야 할 지 이미 알고 있다. 문제는 사람들이 가장 '자기다울 때'가 언제인가에 관한 것이다.

이런 이야기들이 동료들 사이에서 잡담이나 이메일로 떠돌아다니고 있다.

- "존과 나는 강당 뒤편에 서 있었는데 최고 경영자가 들어오더니 우리와 함께 거기에 서있는 거야. 잡담도 하고 칠리도 먹고 야구 얘기도 하면서 말이야."

- "난 그 사람을 만난 적이 있어. 그냥 보통 사람이던걸."

- "난 그녀와 얘기를 나눌 기회가 있었어. 함께 공항으로 간 적이 있거든. 리무진이 그녀를 데리러 왔을 때 나는 짐을 들고 버스를 기다리고 있었지. 빗속에서 말이야. 그녀가 말하더군. "공항으로 가는 길인가요?" "그렇습니다."라고 했더니 그녀가 "타세요."라고 했어. 그녀는 내가 부서에서 어떤 일을 하는지, 거기서 일하는 것이 좋은지에 대해 물어봤어."

- "중요한 프레젠테이션을 마치고 그의 사무실을 막 나서려는데 군대에 관련된 얘기가 나왔어. 내가 그의 아들에 관해 물었지. 그리고는 그가 아들이 군 복무를 얼마나 자랑스러워하고 있는지에 대해 얘길 나누기 시작했어. 그때부터 정말 사이가 좋아졌지. 그 순간 이후로 모든 것이 변했어."

우리가 사는 문화에서는 비공식성이란 많은 사람들에게 작은 문제가 아니다. 라디오와 텔레비전 토크쇼들의 시청률이 그렇게 높은 이유도 여기에 있다. 사람들은 유명인들의 '카메라 밖' 생활에 관해 이야기하고 싶어 한다. 추측컨대 그들의 입장에서 들려주는 얘기는 아닐 것이며, 그래서 우리는 그들이 자발적으로 반응하는 것을 들을 수 있는 것이다. 마

찬가지로 방송국의 뉴스 진행자들은 그들이 가진 기자로서의 기술만큼
이나 동료들 간에 혹은 게스트들과 혹은 프로그램의 막간을 이용하여
전화를 걸어온 사람들과 비공식적으로 잡담을 나눌 수 있는 능력 때문
에 고용되는 경우가 많다.

비공식성은 많은 사람들에게 상당한 영향을 미친다. 왜냐하면 그것
은 인간적이고 분명치 않으며 믿을 만하기 때문이다.

끈질긴 판매는 지양하라

영화배우들은 자신들의 최신작이 박스 오피스에서 얼마나 많은 수익
을 올렸는지에 관한 정보를 퍼붓고 있다. 중개인들은 수십 억 달러의 자
산을 운용하고 있다고 떠벌린다. 경영 컨설턴트들은 자신들이 파산의
위기에서 구해낸 기업이 얼마나 많은지 말하고 있다.

정치인들은 중동 지역을 위한 안건을 사용하지 않고서는 더 이상 자
연 재해에 대한 질문을 피할 수 없다. 월 스트리트의 분석가들과 이야기
를 나눌 때 기업의 최고 경영자들은 마치 자신들이 대통령 집무실의 주
인인 것처럼 말한다. 재정 고문들은 토지 계획에 대한 설명을 할 때 마
치 자신들이 토크쇼의 진행자 오디션에 참가한 것처럼 말한다.

사람들은 더 이상 이야기를 나누지 않는 대신 영향력을 행사한다. 청
중들은 그 영향력에 너무나 식상한 나머지 끈질긴 판매 잡음을 들으려
고도 하지 않는다. 숫자는 아주 중요한 부분을 차지한다. 영화 팬들이나
투자가들, 고객들은 말하는 사람의 과거 기록을 보기를 원한다. 신뢰성

은 경쟁력과도 맞물려 있는 것이다.

하지만 꺼짐과 켜짐 스위치도 존재한다. 사람들은 스위치가 하루 24시간, 일주일에 7일 동안 '켜짐'에 고정되어 있을 때 더 이상 귀를 기울이지 않는다. 온 세상이 인상을 남기려는 노력만 하는 것처럼 보일 때는 단순히 이야기를 나눌 수 있는 누군가와 상호 작용을 하는 것이 신선한 경험이 될 수도 있다.

칭찬이나 질문, 인사에 성실히 임하라

모든 질문이 대답을 간절히 원하는 것은 아니다. 경우에 따라서는 당혹스럽게 만들 의도를 가진 질문일 수도 있다. 전형적으로 질문을 들을 수 있는 모든 사람들을 말이다. 얼굴이 시뻘겋게 변하고 대답이 궁해진 사람만이 신뢰성에 손상을 입은 유일한 사람은 아니다.

인사나 소개 또한 옆에서 지켜보는 사람들에게는 졸업 앨범에 들어갈 사진을 찍는 것처럼 보일 수도 있다. "카를로스, 당신의 책들을 많이 접해서 그런지 낯설지가 않습니다. 항상 멀리서 당신의 존경해 왔습니다.", "낸시, 만나서 반갑습니다. 우리 회사에서 당신은 훌륭한 역할 모델이 되어 왔습니다.", "톰, 오늘 밤 이 영광을 돌려 마땅한 우리 주인공에게 경의를 표하는 이런 상서로운 행사에 당신과 함께 하게 되어 매우 영광입니다. 달리 소개할 필요조차 없는 사람입니다."

이런 말이 당신의 입 밖으로 흘러나오기 시작한다면 즉시 중단하라. 진정한 느낌을 표현할 수 있는 참신한 생각으로 문장을 재구성하기 바란다.

비밀을 보증하라

"기밀 유출은 배를 좌초시킨다"는 2차 대전 포스터와 간판, 병영의 벽면에 등장하는 문구다. 알아서는 안 될 사람에게 정보가 들어가면 파괴적인 결과로 이어질 수도 있다는 것을 끊임없이 상기시키기 위해서다. 무익한 의견은 군인들에게와 마찬가지로 일반인들에게도 심각한 문제일 수 있다.

프로젝트를 할당하는 과정에서 당신은 리더로서 사람과 인성, 불만의 씨앗, 우선순위에 대해 배우게 될 것이다. '모든 것을 아는' 존재라는 사실은 자신의 강력한 위치를 증명하기 위해 '정보를 유출'하는 유혹을 야기하기도 한다. 하지만 당신과 비밀을 공유할 때 자신이 안전하다고 느껴야 한다. 그 사람의 입장에서 볼 때, 단 한 번의 사소한 실수라도 앞으로 당신이 하는 모든 말에 대한 신뢰성을 고갈시키는 누출처가 될 수 있기 때문이다.

리더는 배를 좌초시키지 않는다. 그들은 '만약의 사태에 대비하며' 절대로 입을 열지 않는다.

호감 요소

내가 하고 싶은 말을 전달하기 위해서는 사람들이 나를 좋아하도록 만들어야 한다. 상호 작용을 만들어 내야 한다. 관리자로서 당신의 부하

직원들과, 프로젝트 리더로서 당신의 팀원들과, 상사와, 고객들과 그리고 당신의 전략적 파트너들과의 상호 작용 말이다. 사람들은 자신이 좋아하는 사람을 신뢰한다. 그것은 결코 새로운 소식이 아니다.

직장에서 성공으로 이어질 수 있는 길이 아주 많은 것처럼 각기 다른 수많은 유형의 리더들이 추종자를 유혹한다. 그 중에서도 다음과 같은 특징들은 보편적으로 사람들을 유인하고 그들의 정신과 마음을 여는 것으로 보인다.

인간적 면모를 보여 주어라

연설자 교육 101에서 참가자들은 성공담 이전에 실패담을 이야기하도록 배운다. 일반적으로 사람들은 인생에 성공을 거둔 사람들보다는 고군분투하는 사람들의 이야기에 더 많이 공감한다.

만약 당신의 청소년 자녀가 잘못된 길로 빠지지 않고 고등학교를 무사히 졸업할 수 있을까 걱정이 된다면, 사실대로 말하라. 휴가 기간 중에 당신의 장인 때문에 돌아버릴 지경이었다면, 월요일 아침 직장 동료에게 당신이 동화 속의 배우자를 갖지 못했다고 말해도 상관없다.

만약 당신이 고객을 잃었다면 변명하는 대신 후회하라.

마감 시간을 놓쳤다면 손실을 복구하고 뒤진 것을 만회하라.

지불 시기를 놓쳤다면 이자를 더해 지불하라.

실수를 범했다면 책임을 인정하고 실수를 바로 잡아라.

누군가에 대해 오판을 내렸다면 사과하그 곧바토 수정하라.

사람들은 기계보다 인간에게 훨씬 더 호의적으로 반응한다. 동료들과 커뮤니케이션 할 때 그들이 당신의 인간적인 면모를 보는 것을 결코 두려워하지 마라.

예의 바르게 행동하라

날마다 출근하고 퇴근하는 일, 이것은 우리의 영혼을 파괴하는 사소한 일이다. 영업 사원은 차갑게 식은 커피를 쏟아 부으며 싱크대 전체에 커피 얼룩을 남겨 놓는다. 로션의 마지막 한 방울까지 다 써버린 관리자는 다른 사람을 위해 용기를 다시 채워 놓지 않는다. 방금 복사기를 사용한 분석가는 '종이 걸림'이라는 빨간 표시등이 깜빡거리는 것을 그냥 둔 채로 가버린다. 사용 중인 회의실에 불쑥 들어온 상사는 '급한' 전략 수립 회의가 있다는 이유로 회의 중이던 모든 사람들을 쫓아낸다. 카페테리아의 계산대에서 새치기를 하는 사람이 있다. 회의 도중에 휴대 전화를 받고 계속해서 통화를 이어가려는 사람이 있다. 그것도 큰 소리로 말이다.

아주 사소한 예의라도 상호 작용의 도화선이 되고 친밀감을 쌓을 수 있는 불씨를 점화시킬 수 있다. 한 동안 떠나 있던 사무실에 들어서면서 "안녕하세요?"라고 말하는 사소한 예의 말이다. 당신이 언제 오랜 기간 동안 자리를 비우게 될 것이라는 것을 동료들에게 알려주는 사소한 예의, 사용하기 전에 회의실이나 공간, 장비 등을 사전에 예약하는 규정을 지키는 사소한 예의, 작은 호의에도 "감사합니다."와 "천만에요."라고 말하는 사소한 예의 말이다.

유머 감각을 공유하라

조지 부시 대통령의 정치적 견해에 찬성하든 반대하든 사람들은 전형적으로 그의 자기 비하적인 유머 감각을 존경한다. 워싱턴 특파원들과의 만찬에서 자신을 놀림감으로 만드는 유머를 사용한 그의 유머감각은 각종 매체들이 호의적으로 반응한 주요 기사거리였다.

부시 대통령은 단상에 서서 이렇게 말했다. "나는 언제나 이런 행사를 즐깁니다. 그런데 어째서 나는 나를 좋아하는 36퍼센트의 사람들과 저녁 식사를 같이 할 수 없었던 거죠?"

언젠가 그는 자신의 '대역' 스티브 브리지스Steve Bridges를 대동하고 나와 자신이 자주 실수를 범하는 발음으로 재미있는 장면을 연출했다. 부시 대통령의 흉내를 내는 코미디언 스티브 브리지스가 그가 가장 발음하기 어려워하는 '핵 확산'이라는 단어를 정확한 발음으로 수차례 들려주었다. 그런 다음 부시가 '핵 학산'이라고 발음하자 청중들은 웃음을 터뜨리고 말았다.

자기 비하적인 유머는 사람들의 마음과 정신을 개방시켜 아이디어를 받아들일 수 있도록 만든다. 언어만으로는 불가능한 일이다.

겸손함을 보여 주어라

권력은 매혹적일 수 있다. 칭찬은 사람들이 가지고 있는 일종의 '버튼'을 눌러 동료와의 경쟁심을 끌어올려 더 중요한 존재로 느끼도록 만든다. 다른 사람이 말할 때 그들에게 주의를 기울이기를 거부하는 행동, 사람들의 의견에 대응하지 않는 행동, 오만한 몸짓 언어, 사교적인 모임에서 자신과 '계급이 같거나 같은 부류'들하고만 시간을 보내는 행동, 회의 중에 발표된 아이디어에 대해 재미있다는 듯이 억지로 웃는 행동, 복도에서 누군가의 의견을 듣고 무례한 의도를 가지고 눈을 위로 치켜뜨는 행동, 특수 용어로 점철된 대화는 명확성을 주기 보다는 혼란스러움을 유발하기 위한 것이다. 오직 한 쪽 방향으로만 의사소통이 이루어져야 한다고 주장하는 행동도 마찬가지다.

신뢰할 수 있는 커뮤니케이터는 다양한 방법으로 겸손함을 보여 준다.

- 그들은 언제나 '무대'를 독차지하는 대신 핵심적인 메시지만 전달하는 것으로 다른 사람을 돋보이게 만든다.
- 그들은 목적과 실행 계획을 해석하고, 전달하그, 적용함으로써 다른 사람들이 자신을 중요한 존재로 느끼도록 만든다.
- 그들은 다른 사람들의 의견을 수용한다. 그리고 그 의견을 대응할 가치가 있는 것으로 간주한다. (그들은 신중하게 고려할 생각이 아니었

다면 의견을 물어보지도 않는다.)

- 그들은 다른 사람에게 도움과 협력을 요청하고 기꺼이 수용함으로써 그들을 흥분시킨다.
- 그들은 자기 자신에 대한 이야기보다는 뛰어난 성과를 보여준 직원의 이야기를 들려줌으로써 스포트라이트를 공유한다.
- 그들은 다른 리더들의 성공담을 들려줌으로써 리더십의 역할을 공유한다.
- 그들은 다른 사람의 노력과 결과물에 대해 인지하고 감사하는 마음을 커뮤니케이션 한다.

분명 신뢰성은 주목할 만한 실적과 주위 환경과 일 사이의 균형 유지를 포함하고 있다. 사람들은 당신이 하는 말에 확신을 가지고 있는지 알고 싶어 한다. 그러나 건방진 태도는 반대로 작용한다. 전문가들은 약간의 겸손함이 훨씬 더 나은 결과를 가져온다고 귀띔하고 있다.

당신의 외모와 언어, 호감을 주는 인성 등은 사람들이 당신의 말을 수용하는 일에 엄청난 영향력을 행사할 것이다. 만약 당신의 메시지가 먹혀들고 있지 않다면, 당신이 원했던 행동을 유발하지 못하고 있다면, 아마도 당신은 그것을 개인적인 문제로 받아들여야 할지도 모를 일이다.

제7장

반응과 경청의 커뮤니케이션 전략

커뮤니케이션의 인간성

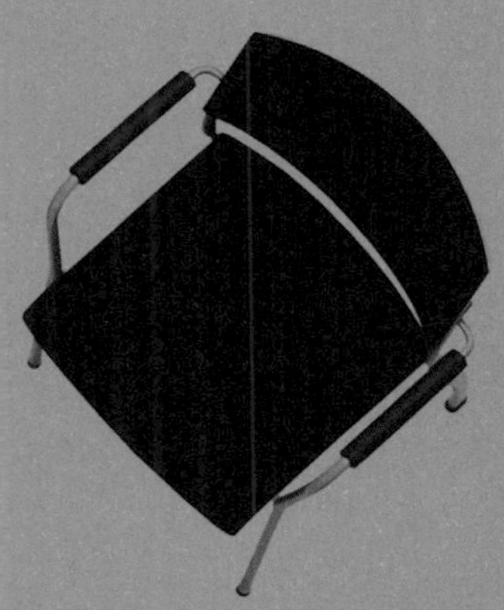

머릿속은 꽉 차 있지만 텅 빈 가슴으로 하는 커뮤니케이션보다
비록 머릿속은 비었지만 진실함으로 꽉 찬 가슴으로 하는 커뮤
니케이션이 훨씬 낫다.
−「더블린 오피니언」

　　　미국 역사상 최악의 자연 재해였던 허리케인 카트리나가 루이지애나 주를 강타한 이후, 뉴올리언즈 현장에서 근무 중이던 연방 재난 관리국 직원 마티 바하몬드는 다음과 같은 절박한 메시지를 연방 재난 관리국 국장인 마이크 브라운에게 보냈다.

국장님, 이곳의 상황이 치명적인 위기는 넘긴 것으로 알고 계실 줄로 압니다. 하지만 국장님께서 모르고 지나쳤을 수도 있는 실상은 이렇습니다.

호텔들은 사람들을 내쫓고 있고 수천 명의 사람들이 먹을 음식도 물도 없이 거리에 모여 있습니다. 수백 명의 사람들이 아직도 살던 집에 갇힌 채 구조를 기다리고 있습니다.

재난 의료 지원단의 텐트에서 죽어가는 환자들이 후송되고 있습니다. 많은 사람들이 수 시간 내에 사망할 것으로 추측되고 있습니다. 탈출 과정은 진행 중입니다. 대피소 탈출을 위한 계획도 서워지고 있지만 호텔 상황은 문제를 더욱 심각하게 만드는 요인이 되고 있습니다. 대피소에는 음식이 떨어졌고 마실 물도 거의 바닥나고 있으며, 진행 중인 구조 계획은 치명적인 필요성이 있는 곳을 우선 해결하고 있습니다.

재난 관리국 직원들은 무사하며 잘 버티고 있습니다. 재난 의료 지원단은 비참한 상황에서 근무하고 있습니다. 환자들을 빨리 후송할수록 나머지 사람들도 여기를 더 빨리 빠져나가도록 조치할 수 있습니다.
전화 연결은 불가능 합니다.
추후에 다시 연락드리겠습니다.
(무선 단말 장치인 블랙베리를 통해 전송된 메시지.)

마이크 브라운이 보낸 이메일 회신 내용이다. 그가 보낸 이메일의 전문은 이렇다.

새로운 소식을 알려 주어서 고맙네. 내가 특별히 해야 할 일은 없는가?

물론 우리는 이전에 다른 이메일이 전송되었는지 알지는 못한다. 하지만 이 회신 내용에서는 분명 관심이 결여되어 있다. 이것은 연방 재난 관리국장 마이크 브라운이 대중의 비판을 받게 만들었던 이메일 내용이기도 하다.

그렇다면 고객들이나 직원들에게 일상적으로 전달되는 다음과 같은 기업의 상투 어구가 보여주는 모순에 대해 생각해 보자.

• "당신의 전화는 우리에게 매우 중요한 일입니다. 다음 안내인이 전화를 받을 때까지 잠시만 기다려 주십시오. 대기 시간은 약 30분 정도

입니다. 전화를 끊고 다시 다이얼을 돌리지 마십시오. 대기 시간이 길어질 뿐입니다."

- "서명 하신 후 귀하의 보험 정보를 업데이트 하시고 앉아서 기다려 주십시오. 의사가 귀하를 진료할 준비가 되면 이름을 호명할 것입니다."

- "설문지를 작성하시고 기다려 주십시오. 곧 안내해 드리겠습니다."

- "현재 진행 중인 구조 조정 계획으로 인해 550명의 직원에게 새로운 일자리를 제공하여 조직을 적합한 규모로 조정하는 일이 불가피해졌습니다. 구조 조정 대상자는 향후 48시간에서 72시간 내에 이메일을 전달받게 될 것입니다."

비록 우리가 이런 말에 보다 익숙해지긴 했지만 이런 말이 포근하고 아늑한 느낌을 전달해 준다고 할 수는 없다.

인간적인 커뮤니케이션을 하라

다른 사람을 직원이나 공급자 혹은 고객이 아닌 개인으로 간주하고 관심을 기울이는 리더는 사람과의 인간적인 소통, 즉 인간적인 커뮤니케이션을 시도하는 리더다. 그렇지 못한 리더는 커뮤니케이션에 실패할 뿐만 아니라 직원이나 고객을 반복적으로 잃게 된다.

직업 군인이었던 한 장교는 경력 관리 간부CMO, Career Management Officer와 자신 사이에 심각한 '인간적 커뮤니케이션의 부재'를 경험한 이후 자신이 10동안 쌓아온 현역 군복무 경력과 지휘관의 계급을 포기하는 결정을 내렸다. 업무 성과를 검토하던 중 이 장교는 CMO와 자신의 다음 진로에 관한 선택권에 대해 논의했다. CMO는 재입대를 권유했고 동년배들보다 먼저 소위로 진급할 수 있는 단계를 제시했다. 바로 그 다음 날, 군복 차림이 아니었던 젊은 장교는 주차장을 가로질러 걸어가는 CMO와 우연히 마주치게 되었다. 그가 경례를 하자 나이든 장교도 경례를 했고 인사말을 건넸다. 그는 젊은 장교를 알아보지도 못한 것이 분명했다. 이름을 기억할 리도 만무했다.

바로 그 순간, 젊은 장교는 자신의 10년 군복무 경력을 포기하고 자신의 개인적인 기여를 소중하게 생각해 줄 누군가를 위해 일할 수 있는 조직에 몸담기로 결심했던 것이다.

인간적 커뮤니케이션은 리더에게 얼마나 중요한 것일까? 그 젊은 장교는 재향 군인회에 가입하여 그 후 20동안 복무하였고 대령의 계급까지 올라갔다. 하지만 그는 그때 배운 리더십에 관한 교훈을 결코 잊지 않았다. 전장에서건 혹은 주차장에서건 동료 군인들과 인간적 커뮤니케이션을 하는 것 말이다.

그가 예전 군대 동료인 존 코울에게 20년 후에 그의 딸이 하이 포인트 대학을 견학할 때 반드시 들러서 인사를 하겠다는 약속을 한 것도 똑같은 커뮤니케이션 원칙에서 비롯된 것이다.

힐러리 코울이 다녔던 하이 포인트 대학의 총장 나도 퀘베인 박사가 학생과 학부모들을 만나기 위한 시간을 마련했던 것도 그와 동일한 커뮤니케이션 원칙으로부터 자극을 받은 것이다.

퀘베인 박사는 왜 그런 번거로움을 자청했을까? 1억 달러의 기부금 조성이 완료되었고 전교에 재건축이 진행되고 있던 취임 후 18개월이라는 기간에 그는 왜 22살의 학생 출신 교직원이 아버지의 예전 군대 동료와 만나 대화를 나누도록 하는데 시간을 할애했을까?

인간적인 의사소통은 퀘베인 박사가 가진 리더로서의 타고난 커뮤니케이션 유형이기도 하다.

힐러리와 아버지, 그리고 퀘베인 박사 사이에 처음으로 커뮤니케이션이 이루어졌던 때를 존 코울은 이렇게 회상한다.

힐러리가 2학년일 때 퀘베인 박사가 총장으로 취임했죠. 나는 두드러진 변화를 금방 알아 챌 수 있었습니다. 학교 건물과 주변 환경, 교정, 모든 것이 새로운 생명을 얻은 것 같았습니다. 힐러리는 퀘베인 박사의 동영상 시리즈를 보내 주곤 했습니다. 힐러리를 학교에 데려다 주고 데리러 가는 길에 퀘베인 박사의 얘길 듣기 시작했죠. 그런 후에 학교를 방문했을 때 교정을 걸어가고 있는 총장을 볼 수 있었습니다. 사진을 봐서 얼굴을 알아 볼 수 있었죠. 내 소개를 하기로 마음을 먹었어요. "안녕하세요? 저는 존 코울입니다. 다른 곳에서는 여러 가지 이름으로 불리지만 여기서는 그저 힐러리의 아빠일 뿐이죠."

퀘베인 박사는 미소를 지으며 악수를 청했습니다. 그리고 이렇게 말했

죠. "이 자리에서 만큼은 저도 그저 힐러리가 다니는 학교의 총장일 뿐
입니다."

퀘베인 박사는 자신의 업적에 중점을 두기 보다는 아버지의 자부심
에 초점을 맞춘 커뮤니케이션을 시도한 것이다.

퀘베인 박사는 또한 학생과 직원, 교수들과도 항상 인간적인 커뮤니
케이션을 한다. 학생들은 시험 기간 중에 특별 간식이 가득 찬 '선물 상
자'를 받는다. "나도 학교 다닐 때는 시험이 아주 싫었단다."로 시작되는
편지와 함께 말이다. 학생들이 받는 스트레스를 자신도 이해하고 있다
는 것을 알려주기 위한 방법이다. 그는 직원과 교수들의 생일에 축하 카
드를 보낸다. 역시 자신이 그들을 한 개인으로 소중하게 생각하고 있다
는 점에 대해 커뮤니케이션하기 위한 행동이다.

하이 포인트 대학의 학생이라면 누구나 나름의 관심사에 대한 이메
일을 총장에게 보낼 수 있고 총장은 그런 이메일에 개인적으로 응답한
다. 최근에는 한 학생이 자신의 기숙사 방 청소가 되어 있지 않았다는
이메일을 총장에게 보낸 적이 있다. 퀘베인 박사는 초콜릿 한 상자를 그
학생의 방으로 보내고 사과의 이메일도 보냈다. "미안합니다. 학교가 당
신의 기대에 미치지 못했습니다. 양해하여 주십시오."

이것이 바로 퀘베인 박사가 총장으로 취임한 후로 하이 포인트 대학
의 신입생 등록률이 비약적으로 증가한 이유이며 직원과 교수들 사이에
활력이 넘치게 된 이유다.

각자 자기 분야에서 리더의 모습을 보여 준 세 사람인 일개 지휘관에서 대령의 계급까지 올랐던 젊은 장교, 존 코울 그리고 퀘베인 박사. 이렇게 세 사람은 습관적인 커뮤니케이션 유형이라 볼 수 있는 인간적 의사소통의 비밀을 터득하였던 것이다.

보다 구체적으로 말하자면, 직장 동료나 고객, 직원들과의 인간적인 커뮤니케이션을 한다는 것은 상대방의 이름을 기억한다거나 전화 통화를 나누는 일, 그들에게 당신의 약점을 보이는 일, 그들에게 당신의 사생활에 관한 얘기를 들려주는 일처럼 단순할 수 있다. 당신의 사생활이 엄지발가락에 생긴 혹으로 고통을 받고 있는 것이든, 주말에 온 가족이 모인 자리에서 맥 삼촌의 100번째 생일을 축하했던 즐거움에 관한 것이든 상관없다. 글을 쓰는 작가들은 자신의 배우자가 프랑스 요리를 좋아한다거나 십대의 자녀가 최근 스쿠버 다이빙을 하다가 혼이 났다는 등의 사생활이나 정치 철학 혹은 비즈니스 기술 등을 다른 사람과 공유한다.

비록 대부분의 의료 사고에 대한 소송 사건이 의사에게 유리한 쪽으로 판결이 나긴 하지만 전문가들은 진부하지만 다뜻함이 담긴 매너, 다시 말해 환자와 더 많은 시간을 보내는 일, 환자의 질문에 대답해 주는 일, 그들의 전화에 응답하는 일 등이 의료 사고로 인한 법적 소송 사건을 줄여줄 것이라고 조언하고 있다. 단순히 고객이나 동료로서 사람을 대하는 것이 아니라 사람으로서 사람과 인간적 커뮤니케이션을 하는 일이 막대한 시간과 에너지, 스트레스 그리고 돈을 절약해 줄 것이라는 얘기다.

단순한 전달이 아닌 커뮤니케이션에 몰입하라

초창기에 나는 인터뷰에 상당 부분을 의존하여 영혼을 자극하는 책을 썼다. 초안을 완성하고 나서 원고의 일부를 편집자에게 보내고 피드백을 요청했다.

그 편집자는 이렇게 말해 주었다. "너무 신문 기사 같아요. '당신'의 목소리는 어디에 있는 거죠? 누가 어떤 말을 했다는 식의 뉴스는 필요 없어요. 내가 원하는 건 당신이 들은 것에 대한 당신의 관점입니다."

많은 관리자들이 이와 똑같은 과오를 범한다. 그들은 단순히 자신들의 상사로부터 들은 '뉴스'를 전달하는 것에 그칠 뿐이다. 대형 제조업체의 한 고위경영자가 최근 전화를 걸어 왔다. 그는 생산 라인에 있는 근로자들에게 경영진의 철학과 정책, 실행 계획 등을 '수용'하도록 만드는 데 어려움을 겪고 있다고 말했다. 그것이 비록 근로자의 안전과 모든 사람이 공평하게 돈을 벌 수 있도록 하는데 중점을 둔 경영 철학과 정책, 실행 계획이라고 할지라도 말이다.

후에 그 경영자는 회의에서 이렇게 설명했다. "회사가 뉴스나 정보, 변경 사항 등을 전달하면 리더들은 그것을 '자신의 것'으로 만들지 않습니다. 그들은 단지 전달해주는 일만 하는 것이죠. 그리고 리더들이 전달하는 방식에서 사람들은 그들이 완전히 이해하고 있지 않거나 그것을 지지하고 있지 않다는 것을 명확하게 알게 됩니다." 문제점의 증상으로 미루어 볼 때 내가 말 할 수 있는 것은 진단이 옳았다는 것이다. 그 조직은 리더들은 몰입하지 않았다. 뉴스 혹은 쟁점에 관한 경영진의 견해, 부하 직원들이 정책이나 절차의 변경 사항에 더해 어떻게 대처할 것인가에 대해 몰입하지 않았다는 이야기다.

하버드 의과대학에서는 학생들에게 장기간 투병 중인 환자들을 그림자처럼 따라다니게 하여 미래의 환자들에 대한 보다 나은 진료를 할 수 있도록 하는 프로그램을 진행하고 있다. 관심은 쉽게 습득할 수 있는 커뮤니케이션 유형이 아니다.

많은 홍보 담당 이사들의 의견에 따르면, 그들의 가장 큰 도전 과제는 최고경영자들의 생각을 논리적인 설명 그 너머에 있는 인간의 감정적인 관심사로 옮겨 놓는 일이라고 한다. 최고경영자이건 비서관의 보좌관이건 부정적인 상황에서 단순히 변경 사항을 전달하거나 나쁜 소식을 듣는 일보다 사람들에게 몰입하는 일이 엄청난 힘을 가지는 것이다.

언젠가 펜실베이니아의 해리스버그에서 차를 빌렸던 일이 있었다. 아주 춥고 음울한, 눈보라가 몰아치는 것과도 같은 날씨였고 저녁 시간이었다. 차가 있는 곳으로 터덜터덜 걸어가 짐을 다 실었을 때 시동이 걸리지 않는 것을 알게 됐다. 시동을 걸려고 하면 계기판에 불이 들어오고 연료가 반쯤 비어 있는 것을 확인할 수 있었다. 좌석을 앞으로 당기려고 했을 때는 레버가 뚝 떨어져 나왔고 끈적끈적한 그리스 한 덩어리가 손으로 떨어졌다.

나는 불같이 화를 내며 차에서 내려 두 개나 되는 큰 가방을 끌고 눈보라치는 길을 걸어 공항 터미널로 다시 돌아 왔다. 끓어오르는 화를 참으며 카운터로 갔다. 세상에서 가장 걱정스러운 목소리로 안내 직원이 물었다. "세상에, 대체 무슨 일이십니까?"

나는 그 직원에게 차에 시동이 걸리지 않는다고 말해 주었다.

"정말 유감입니다. 고객에게 이런 불편을 드리다니 믿을 수가 없군요. 여기 이것 받으세요." 그는 카운터 밑에서 세척제 한 병을 꺼내 나에게 건네주었다. "저쪽에 화장실이 있어요. 이 세척제로 손에 묻은 그리스를 닦으세요. 그 동안 저는 다른 차를 대기시켜 놓겠습니다. 정말 변명의 여지가 없습니다."

나는 손을 씻기 위해 화장실로 갔다. 내가 다시 돌아왔을 때 그 직원이 말했다. "다른 차량을 준비하여 터미널 앞에다 대기시키도록 서비스 부서를 호출해 두었습니다."

그렇게 기다렸지만 서비스 부서는 호출에 응하지 않았다.

그 직원은 다시 호출을 시도했다. "이건 정말 말도 안 되는 일이군요. 서비스 부서에서 누군가를 찾을 때까지 고객님을 여기 서서 기다리게 할 수는 없습니다. 제가 직접 다른 차량을 구해 드리도록 하겠습니다. 금방 돌아올 테니 잠시만 기다려 주십시오."

그 직원이 내가 탈 차를 터미널 앞으로 가지고 와서 나를 다시 만났을 때 내 감정은 이미 진정된 상태였다. 왜 그랬을까? 그가 나와 마찬가지로 서비스 담당자들을 이미 제쳐 놓은 것처럼 말했기 때문이다. 그 직원은 내가 처한 상황에 완전히 몰입해 있었던 것이다.

그런 반면, 내가 묵었던 호텔은 특급 호텔이었지만 인간의 형상을 한

로봇들이 프런트 데스크에서 서 있었던 곳이었다. 프런트 데스크의 직원은 내 짐이 분명히 도착해 있었음에도 불구하고 간밤에 나에게 부쳐진 짐을 찾지 못했다. 왜냐하면 내가 묵었던 방의 전화기에 녹음된 메시지가 프런트 데스크에서 내 짐을 보관하고 있다고 알려 주었기 때문이다.

하지만 내가 짐을 찾기 위해 다시 프런트 데스크로 내려갔을 때도 그 직원은 내 짐이 어디에 있는지 찾지 못했다. "이 상황을 바로 잡기 위해 우리가 어떻게 해 드리길 원하십니까?" 프런트 데스크의 직원은 마치 새가 우는 것 같은 목소리로 그것도 아주 로봇같이 말했다.

나는 그들이 내 짐을 찾을 때까지 주위를 살펴보길 바랄 뿐이라고 두 번째로 설명했다. 나는 카운터 밑을 15초 동안 쳐다보며 훑어보던 그 직원의 행동을 지켜보았다.

그 직원은 이렇게 반복했다. "죄송합니다. 손님의 짐을 찾을 수가 없습니다. 저희가 어떻게 해 드리길 원하십니까?"

나도 내가 원하는 바를 반복해서 설명했다. "짐을 찾아 주십시오. 뒤쪽 어디에 있는지 아니면 분실물 보관소에 있는지, 어디든 찾아봐 달라는 말입니다. 찾을 때까지 뒤져보세요."

"뒤져 봤지만 찾을 수 없다고 말씀 드렸지 않습니까?" 그 직원이 말했다. "이 상황을 바로 잡기 위해 우리가 어떻게 해 드리길 원하십니까?"

"나는 당신들이 내 짐을 찾아 주길 원합니다."

나는 그들이 내가 처한 곤경에 몰입하 주길 원했다. 관심을 가지는 태도 말이다. 호텔과 렌트카 회사 양쪽 모두 실수를 저질렀다. 하지만 그들은 나, 즉 고객으로부터 각기 다른 반응을 유발했다.

투자가들에게 떨어지고 있는 주가에 대해 이야기하든 직원들에게 현재 진행 중인 합병과 해고에 대해 이야기하든, 부하 직원에게 업무 능력 부족에 대해 이야기하든 혹은 동료에게 병에 관해 이야기하든 단순히 뉴스나 정보를 전달하는 것에 그치는 것은 절대 금물이다. 감정적으로 상대방의 입장에 서 주어야 한다. 당신이 전달하는 메시지가 가지게 될 영향력을 고려해 보라.

몰입하는 일이 가지는 힘을 결코 과소평가해서는 안 된다.

민감한 상황에서는 표현에 신중을 기하라

불안에 휩싸인 가족이 병원 수술실 밖에 모여 서 있다. 10시간 동안 심장 수술을 두 번이나 받아야 하는 여자 환자의 두 번째 수술을 위해 의사가 수술실로 달려가 주길 바라면서 말이다. 그 여자 환자의 첫 번째 수술은 오후 3시에 끝났다. 의사는 수술이 성공적이고 환자가 회복 상태에 있다고 가족을 안심시켰다. 환자의 남편과 아이들은 아내이자 엄마의 얼굴을 단 5분간 보기 위해 중환자실로 갔다.

오후 6시 면회 시간이 되었지만 의사는 가족들의 면회를 허락하지 않았다. 몇 개의 소정맥들로부터 출혈이 시작되었고 간호사들이 환자를 면밀히 지켜봐야 할 필요가 있기 때문이라고 했다. 저녁 8시가 되었을 때 의사는 출혈이 멈추었고 환자는 다시 진정되었다고 했다. 그리고 자신도 퇴근을 할 것이라고 말하며 가족들도 집으로 돌아가 쉴 것을 권유했다.

한 시간도 채 안 되어 상황은 다시 극적으로 바뀌었다. 환자는 다시 응급 수술실로 실려 갔다. 이번에는 첫 번째 수술이후 출혈을 일으킨 정맥을 모두 동여 메는 수술을 해야만 했다.

자정이 넘어서야 두 번째 수술을 끝내고 수술실을 나온 의사가 근심에 잠긴 가족들이 모여 서 있는 대기실토 와서 이번에도 수술은 무사히 끝났다고 말했다.

거의 24시간 동안 병원에서 불침번을 서느라 지친 남편이 의사에게 물었다. "어째서 제 아내는 오늘 오후에 생사를 넘나들고 수술을 두 번이나 해야 했던 겁니까?"

의사는 이렇게 내뱉었다. "2주 전에 제 진료실에서 두 분 모두에게 설명해 드리지 않았나요? 이런 수술을 하는 환자 중 3퍼센트는 출혈 부작용이 발생할 수 있다고 말입니다. 이 환자는 그 3퍼센트에 속하는 경우일 뿐입니다." 의사는 몸을 돌려 복도를 걸어 내려갔다.

경영자나 관리자, 상급자, 서비스 담당자들은 이와 유사한 사실을 아주 무감각하게 발설한다. 그들의 말은 다른 사람의 가슴에 그 만큼의 충격으로 전해 질 것이다.

진정으로 관심을 가지고 경청하라

다른 사람이 당신에게 커뮤니케이션하는 내용을 당신이 듣고 있다는 것을 인정하라. 언어적인 커뮤니케이션과 비언어적 커뮤니케이션 모두 말이다. 상대방이 말하는 중간에 끼어들거나 자신의 이야기만 늘어놓기보다는 상대방의 눈을 쳐다보는 것이나 적절한 얼굴 표정, 주의를 집중하는 자세 같은 당신의 말과 몸짓 언어를 통해 관심을 가지고 있다는 점을 커뮤니케이션하라.

> ▶ 잔인한 사람들은 하나같이 자신을 정직함의 전형으로 묘사한다.
>
> – 테네시 윌리엄스

상대방이 하는 말을 인지하는 반응:

- "그 문제에 대해 당신이 왜 그렇게 생각하는지 충분히 이해합니다."

- "그건 정말 대단한 결심입니다."

- "위험한 행동이군요. 매사에 다시 생각해 볼 필요가 있다고 봅니다."

- "당신이 성취한 일에 자부심을 느낄 만합니다."

진정으로 관심을 가지고 조사하고, 확인하고, 확증하라:

- "다음 단계는 무엇입니까?"

- "언제가 될 것이라고 생각하십니까?"

- "그녀가 그런 일을 한 원인이 무엇이라고 생각하십니까?"

- "그가 그런 정책을 수립한 이유가 무엇이라고 생각하십니까?"

- "그 상황에서 정말 최선의 결정을 내렸다고 생각하는 것이 맞습니까?"
- "향후 몇 년 동안 어떤 일이 일어날 것이라고 기대하십니까?"
- "당신의 멘토가 승진 준비를 하는데 어떤 방식으로 도움을 주어야 한다고 생각하십니까?"
- "그런 상황에서 어떤 결과물이 당신에게 가장 유리하다고 생각하십니까?"

다음과 같은 표현은 공감할 수 있는 말이 아니다. 당신이 얼마나 자주 이런 말을 들었든 상관없다.

- "그 보다 더 나쁠 수도 있었어요."
- "그냥 완강하게 버티는 수밖에 없는 것 같군요."
- "당신에게 닥친 일이 최악이라고 생각하세요? 지난해에 우리가 겪었던 일을 모르고 하는 말이죠."
- "이건 가장된 축복일 수도 있어요."

경청이란 상대방의 말에 진심으로 주의를 집중하는 것이다. 단순히 예의를 갖추기 위한 것도 아니고 흥미를 보이는 것도 아니며 당신이 말할 기회를 기다리는 일도 아니다.

전후 관계에 비추어 반응을 해석하라

내 친구 수 허쉬코우츠쿠어가 일주일간의 긴 여행을 마치고 집으로 돌아가는 비행기에서 있었던 일을 들려주었다. 그 날은 온갖 불행한 일이 꼬리를 물었던 아주 힘든 하루였다. 비행기를 놓칠 뻔했던 것도 그 중 하나다. 아들의 야구 게임을 보러 가기 위해 제시간에 집에 도착하기 위해서는 목숨을 걸고 타야만 했던 비행기를 말이다. 숨을 헐떡거리며 좌석의 안전벨트를 매고 비행기가 서서히 움직이기 시작했을 때 기장은 비행기의 이륙이 2시간 지연될 것이라는 방송을 했다. 수가 아들의 야구 게임을 보러 가기 위해 제시간에 집에 도착하는 일은 거의 불가능해진 것이다. 비행 중에 승무원이 "소고기를 드시겠습니까 아니면 닭고기를 드시겠습니까?"라고 물었을 때 수는 그만 눈물을 터뜨리고 말았다.

사람들이 당신이 쓴 글 혹은 당신이 한 말에 반응할 때는 전후 관계를 고려하라. 사람들은 현재 진행 중인 합병을 두려워하고 있는가? 그들은 회사의 합병으로 인해 이미 엄청난 대변동을 경험하고 있는 것인가? 그들의 의견은 정리 해고의 결과에서 나온 것인가? 현재 그들의 업무량은 정신을 마비시킬 정도인가? 마감 시한은 아주 중대한 문제인가? 그들은 지금 개인적인 문제들로 인해 과다한 업무량에다 더하여 추가적인 스트레스를 받고 있는가?

오늘날 사람들의 감정이나 의견, 판단의 진실은 전후 관계에 따라 바로 다음 주에 혹은 다음 달에 바뀔 수도 있는 것이다. 장기적인 의사결정을 내린 후에 사람들이 보여주는 단기적인 반응에 근거하여 대응하길 원치는 않을 것이다.

들은 것에 근거하여 행동하고 행동한 것에 근거하여 보고하라

규모가 큰 사무 용품 및 가구 회사의 최고경영자는 전국적 규모의 소개 체인과 경쟁할 수 있는 최선의 방법이 탁월한 서비스를 제공하는 것이라는 사실을 깨달았다. 서비스의 초점은 고객의 관심사에 귀를 기울이고 즉각적인 행동의 취하는 것이다.

이 회사는 초기에도 97.9퍼센트에 이르는 정확도를 가지고 있었음에도 불구하고 가끔 실수를 저지른다. 고객이 12개의 회색 스테플러를 주문했는데 12개의 검정색 스테플러를 배달하는 등의 실수 말이다. 회사의 정책은 고객들에게 잘못 배달된 물건을 보관하고 있도록 하고, 직원이 제대로 된 물건을 다시 가져다 줄 때 그 물건을 회수하는 것이었다. 계산을 해본 결과, 물건을 다시 갖다 주고 잘못 배달된 물건을 회수하는 일이 물건 가격보다 실제로 더 높은 경우도 있다는 것을 알게 되었다. 그래서 그런 실수가 발생했을 때, 만약 고객이 물건을 다시 갖다 주길 원치 않는다고 하면 그 물건을 회수하는 대신 고객에게 폐기해도 좋다고 말했다.

하지만 고객 만족도 설문 조사 결과에 따르면 고객들은 이런 방식에 불편을 느끼고 있었다. 소규모의 고객들은 이 잘못 배달된 물건들이 다음 주문을 할 때까지 '방해'만 된다고 생각했던 것이다. 이 회사는 고객의 소리를 듣고 행동을 취했다. 잘못 배달된 물건을 회수하는데 비용이 발생하더라도 말이다. 설문 조사를 통해 얻은 정보가 회사의 운영과 고객과의 관계에 너무나 소중한 것이었기 때문에 이 회사는 설문 조사를 반복했고 고객의 제안 사항은 각각에 대한 대처 방안과 함께 다시 고객들에게 전달해 주었다.

대형 통신회사의 부서장으로 일했던 사람이 20년간의 찬란한 경력을 뒤로하고 회사의 거래처인 유통 업체 중 하나로 자리를 옮겼다. 그가 직접 밝힌 이유는 이런 것이다. "그들은 직원들에 대한 관심이 전혀 없어요. 관리자가 "부서가 폐지될 위험에 처해 있습니다. 직원이 더 필요해요. 우리는 좌초되고 있습니다. 도와주세요."라고 말하면 상사는 "더 열심히 일하도록 하세요, 필요한 게 있으면 연락하세요."라는 짤막한 기본 방침만 전달할 뿐이죠. 그들은 현장에서 전달되는 피드백에 근거한 어떤 변화도 만들지 않았습니다. 변화의 조건이 어떤 것이든 상관없이 말이죠. 너무나 느리고 관료주의적인데다 관심도 없어요. 결국 직원들과 부서는 그들이 어떤 행동을 취하기도 전에 없어져 버리고 말았습니다."

이 점을 생각해 보라. 우리가 사는 사회에서 행동하지 않는 것은 범죄 행위와 같은 것이며 종종 형법상의 책임을 지는 것으로 이어진다. 만약 당신이 범죄 행위에 대해 알고 있으면서 신고하지 않고 있다면, 당신 또한 공범자로 처벌 받을 수 있는 것이다. 만약 당신이 기업의 리더이고 성추행 행위를 허용했다면 법은 당신이 그런 행위를 묵과한 것으로 간주한다. 만약 당신이 의회나 백악관을 위해 일하는 정당의 리더이면서 등료의 분별없는 행동에 대해 적절한 대응을 하지 못했다면 국민들은 당신이 사임하기를 기대할 것이고 당신에 대한 탄핵을 요구할 것이다.

행동하지 않는 것은 묵인의 뜻을 내포한다. 행동하지 않는 것은 관심이 없다는 메시지를 전송하는 것이다.

사과하라, 사과를 잘 하지 못하면 후회하게 될 것이다

유명인의 스캔들이 사라지지 않는 이유는 무엇일까? 대중에 대한 사과를 요구하는 상황은 매달 한 번씩 발성한다. 어떤 록 스타나 영화배우, 운동선수, 정치인이 물건을 훔치다 잡히기도 하고 음주 운전이나 마약, 불륜 행위를 들키거나 공공장소에서 편견 섞인 비방을 내뱉기도 하고 뇌물을 받기도 한다. 그러면 대중은 그들의 이중성에 분노하게 된다.

대중의 특성과 설교적인 원칙은 개인적인 행동과 일치하지 않는다.

그런 상황에 대해 우리를 더욱 분노케 하는 것은 그에 연루된 유명인이 처음에는 전형적으로 이런 말을 하기 때문이다. "당신들이 상관할 바가 아니다." 그 말이 먹히지 않으면 그들은 변명을 한다. "나는 술에 취해서, 약에 취해서, 속아서 아무 것도 몰랐다." 등등. 그런 변명으로도 상황이 수습되지 않으면 그들은 마침내 뒤늦은 사과를 한다. 그러면 원상태로 돌아가고 대중은 다시 그들의 노래를 사고 영화를 보고 경기를 관람하고 또 선거에 당선 시킨다.

이런 법칙에 단 한 가지 예외가 있다. 만약 유명인이 위선적인 사과, 즉 결코 잘못을 인정하지 않으면서 겉으로만 사과를 하는 경우이다. (익숙한 사례들을 표 7.1에서 소개하고 있다.) 그런 경우에는 언론과 대중이 그 유명인이 스스로 유죄를 인정할 때까지 스토리를 물고 늘어진다. 그런 다음에야 실수를 저지른 사람의 인생이 다시 시작되는 것이다.

직장에서도 마찬가지다. 사과를 하는 일이 어려운 것이라고 느낀다. "내가 무언가를 잘못했기 때문에 걱정스럽다."라는 표현을 쓰기가 쉽지 않다는 말이다. 그들은 유명인들이 위선적 사과를 했을 때와 똑같은 반응을 얻게 될 뿐이다. 제대로 된 사과는 어떤 것인가?

1. '실수나 유죄 혹은 잘못을 인정하는 것이다.' 말이나 행동 그리고 그에 따르는 비 적절성과 불명확성, 취약함, 상처, 무감각함 등에 대한 책임을 받아들여야 한다.

2. '구체적이어야 한다.' 구체적인 사과는 진실 된 것처럼 들린다. 전체적이고 흐리멍덩한 사과는 관심의 부족이나 상황에 대한 이해의 부족 또는 그로 인해 야기된 손실에 대한 이해가 부족한 것이다.

3. '수정해야 한다.' 사과하는 것은 전형적으로 바로 잡으려는 시도를 포함한다. 피해를 입은 사람이나 집단에 대한 사과의 말이나 동작, 호의 같은 시도 말이다.

아이들은 숫자 세는 것을 배우기 이전에 이러한 제대로 된 사과의 방법을 학습한다. 그런데도 의과 대학이나 병원에서는 의료 사고에 의해 발생하는 고소 사건을 줄일 수 있는 방법으로 '사과하는 방법'을 성인들을 위한 교과 과정 속에 포함시키는 일이 점점 늘어 가고 있다. 「연합 통신」에 실린 기사에 의하면 미시간 보건 대학University of Michigan Health System의 병원에서는 의사들에게 실수를 인정하도록 권장해 오고 있다고 한다. 그 결과 연간 변호사 비용과 의료 사고에 따른 소송, 고소할 의도가 감지되는 사례 등이 엄청나게 감소했다.

물론 잘못을 인정하는 일이 언제나 적절한 것은 아니다. 하지만 상황이나 결과 혹은 결과물에 대해 유감을 표현할 수는 있을 것이다. 누구 혹은 무엇에 의해 잘못이 저질러졌든지 상관없이 말이다.

실수를 인정하는 일에 실패하면 분노로 이어진다. 관심을 표현하는 일에 실패하면 비통함으로 이어진다. 생존자, 심지어 죽어가는 희생자도 실수는 용서하지만 무관심은 용서하지 않는다.

사과 그리고 부인 :

"아니오, 나는 사전에 회의 안건을 이메일로 전달하지 않았습니다. 죄송합니다. 하지만 내가 그 일을 했어야 하는지 몰랐습니다."

번역문: 내가 실수한 것이 아니다. 나에게 그 일을 지시할 책임이 있는 사람이 잘못한 것이지 내가 아니다.

사과 그리고 선의의 의도 :

"아침 6시 30분에 출근한 이후로 오전 내내 사태를 수습하고 있는 중입니다. 하지만 시시콜콜한 세부사항들로 당신을 지루하게 만들지는 않겠습니다. 내가 사전에 회의 안건을 이메일로 전달하지 않았던 것을 사과드립니다."

번역문: 나는 선의의 의도를 가지고 있었다. 그러니 그것을 참작해 주기 바란다. 그것 말고도 나는 여기 있는 당신들 대부분보다 훨씬 더 바쁘다.

사과 그리고 변명 :

"회의 안건을 사전에 이메일로 전달하지 못한 것을 죄송하게 생각합니다. 지금까지 경험한 바로는 사전에 그것을 읽는 사람은 어차피 아무도 없었기 때문입니다."

번역문: 결국 사과할 이유도 없는 것이다.

사과 그리고 사적인 문제 :

"모두에게 회의 안건을 이메일로 알리지 않은 것은 죄송합니다. 몇몇 분에게 내가 주말을 어떻게 보내는지 이미 말씀드렸습니다. 그러니 이해해 주시기 바랍니다."

번역문: 제발 나를 괴롭히지 마. 그러지 않아도 난 문제가 많으니까.

사과 그리고 공격 :

"사전에 회의 안건을 이메일로 전달하지 않은 것은 사과합니다. 빌과 진, 회의 안건에 포함되기를 바랐던 특별한 쟁점이 있습니까? 회의 안건을 사전에 보지 못해서 회의 준비를 할 수 없었던 부분이라도 있나요? 만약 그렇다면 이 회의를 내일로 미루고 더 많이 준비되었을 때 다시 시작할 수도 있습니다."

번역문: 당신들은 사과할 가치도 없는 아주 사소한 일을 가지고 야단법석을 떨고 있는 거야. 왜 나를 당황스럽게 만들려고 하는 거지? 난 이런 말로 당신들을 아주 비참하게 만들 수도 있어.

관심은 사람들을 접속시킨다. 제품에 대한 리콜에서부터 정리 해고나 직원의 질병, 사고의 희생자, 스트레스를 받은 동료 등에 이르기까지 어떤 상황에서건 당신이 관심을 가지고 있다는 것을 커뮤니케이션하는 일은 엄청난 힘을 가진다. 인관 관계에서 부족함을 발생시키는 것이 논리라면 그 틈을 메우는 것은 감정이다.

정보는 적기에 전달하라

커뮤니케이션의 적시성

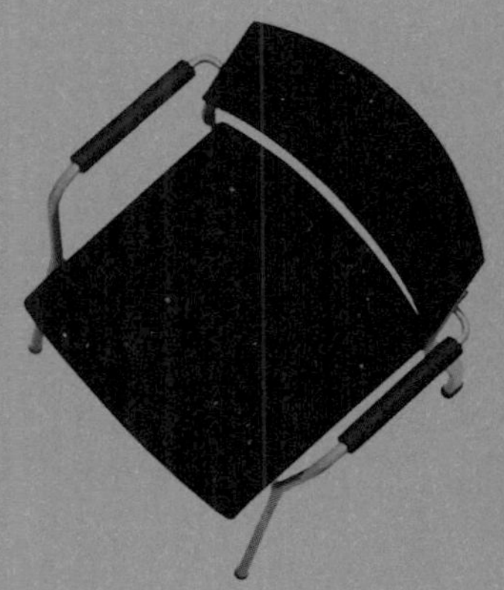

언어는 새로운 시대의 기계다.

ー돈 왓슨, 『사형 선고』의 저자

오늘날 커뮤니케이션의 품질 기준은 '즉석'이라는 단어로 요약된다. 즉각적이지 않는 것은 그 어떤 것이든 비효율적이다. 1시간 만에 끝나는 드라이클리닝, 30분 만에 준비되는 피자, 2~3분 만에 끝나는 자동 세차, 2분 만에 끝나는 라식 수술, 눈 깜짝할 사이에 다운로드 할 수 있는 디지털 사진, 쓰는 것보다 빠른 속도로 돈을 뱉어 내는 현금 인출기, 단어를 입력하는 데 너무 오랜 시간이 걸리는 이유로 사용되는 음절 단위의 즉석 문자 메시지, 비행기가 회항하기도 전에 항공 파업에 대해 항의하는 블로거들, 새로운 상사가 누가 될 것인지를 알아보는 데 내일까지 기다릴 이유는 또 무엇인가?

정보에 대한 접근 속도까지도 이런 현상을 보여주고 있다. 휴대전화를 사용하지 않는 고등학생을 내 앞에 데려와 보라. 그러면 나는 사회적으로 소외된 사람이 어떤 사람들인지 보여 줄 것이다. 십대들은 '정보의 소유'가 사회적 입지를 결정한다는 사실을 알고 있다. 브랜디와 브래드가 점심시간에 절교했다는 사실을 그 날 안에 알지 못하는 사람은 그들만의 사회적 테두리 안에 속하지 않은 사람이며 주말을 함께 보내는 그들만의 무리 속에 포함될 가능성도 매우 낮다. 주변의 십대에게 물어보라. 내가 하는 말이 복음인지 아닌지 확인할 수 있을 것이다.

이와 같은 현상은 직장에서도 그대로 나타난다. 현대의 인터넷 문화에 의해 야기된 기대치가 아니더라도 한 쪽에서 다른 한 쪽으로 전달되는(질에게서 제레마이어에게로, 관리자에게서 사원에게로, 경리부의 밥에게서 엔지니어링 부서의 아케미에게로 전달되는) 정보의 속도는 사람들을 가족으로 만들어 놓는다. 더 많은 증거를 원한다면 가장 인기 있는 텔레비전 시트콤에서 얼마나 자주 이야기의 줄거리가 등장인물의 직장 생활을 중심으로 엮어지는지 살펴보라. 그들의 직장동료는 이미 확장된 형태의 가족이다. 다시 말해, 한 사람이 자기 회사에 관한 뉴스를 '가족'이 아닌 언론이나 공급 업체, 다른 회사 등 외부로부터 듣게 된다면 그 사람은 배신감을 느끼게 된다.

저녁에 텔레비전을 켰는데 당신의 형제가 마약 혐의로 체포되는 장면을 목격하는 일을 상상할 수 있겠는가? 가족 중 그 누구도 당신에게 그 사실을 알려주려고 하지 않았다고 상상해 보란 말이다. 신문을 읽다가 부고 기사에서 당신의 사촌이 죽었다는 것을 알았는데 아무도 미리 알려 주지 않은 것은 또 어떤가? 당신은 화를 내겠는가? 상처를 입을 것인가? 격분할 것인가? 최소한 왜 아무도 당신에게 알려주지 못했는지 캐물을 것인가?

직원들이 회사에서 일어나는 일을 자신의 동료들이나 상사가 아닌 신문이나 텔레비전, 라디오, 블로그, 옆집에 사는 이웃 혹은 헬스클럽에서 만나는 누군가로부터 듣게 된다면 그들도 똑같은 감정을 느끼게 될 것이다.

물론 '외부인'이라는 단어의 의미는 다양할 수 있다. 경우에 따라서는 프란시스의 상사가 부서원들에게 전달한 뉴스를 점심을 함께 먹으면서 프랭크에게 말해 주었는데 프랭크의 상사는 부서원들에게 그런 뉴스를 전달할 생각도 하지 않고 있을 수도 있다. 결과적으로 프랭크의 머릿속에서는 너무나 당연하게 자신이 부당한 취급을 받았다는 생각이 떠오를 것이다. 자신의 부서는 가족 뉴스를 공유하는 것에서 '소외'되었다고 생각할 것이라는 이야기다.

속도와 시기에 관한 쟁점은 수직 계층구조가 사라짐에 따라 더더욱 복잡해졌다.

일시적인 팀은 점점 더 당연한 것으로 인식되고 있다. 일단의 수재들이 특정한 목적을 이루기 위해 일시적으로 가상공간에서 함께 일하는 것처럼 말이다. 그러니 그들에게 정보를 전달하는 계획은 효율적이고 신속하지 않을 수 없는 것이다. 그렇지 않으면 그들은 더 이상 존재하지 않을 것이기 때문이다. 그들은 단체로 연결 고리에서 제외되어 버리는 것이다.

커뮤니케이션에서 시간적 지연은 치명적인 것이다.

일상 업무, 속도의 필요성

몇 달 전, 같은 사무실에서 일하는 회계 관리자가 고객이 될 뻔했던 사람이 보낸 퉁명스러운 이메일에 깜짝 놀란 적이 있다. 회사의 컴퓨터

서버가 6시간 동안 작동하지 않았을 때 있었던 일이다. 서버가 다시 정상적으로 작동하자 회계 관리자는 즉시 자신의 이메일을 확인하고 우리 회사가 주관하는 공개 워크숍에 참여할 가능성이 있는 고객이 보낸 이메일을 발견했다. 그는 고객의 질문에 답신을 보내며 회사의 서버 고장으로 회신이 6시간이나 지연된 점을 사과하는 내용의 이메일을 보냈다. 그 고객이 보내온 즉각적인 회신은 이런 내용이었다. "너무 늦었군요. 이미 경쟁사가 주관하는 세미나에 등록했습니다. 받은 편지함에 도착한 이메일에 관심을 기울이는 회사의 세미나에 이미 등록했단 말입니다!!!"

고객의 기대치는 매주 높아져만 간다. 혼스테인 협회Hornstein Associates에서 실시한 설문조사에 따르면 42퍼센트에 달하는 기업들이 24시간 내에 이메일 회신을 하고 있는 것으로 나타났다. 연방 정부는 전화나 이메일을 통해 접수된 민원을 인지하고 대답을 제공하는 데는 이틀 내에 그리고 '복잡한' 질문에 대해 완전한 대답을 제공하는 데는 최장 20일을 소모한다.

하지만 88퍼센트에 이르는 엄청난 수의 고객들은 24시간 내에 대답을 듣기를 기대한다. 그리고 13퍼센트는 한 시간 내에 대답을 듣기를 바란다. 전화로 질문하는 고객이라 해서 그 보다 더 나은 대접을 받는 것은 아니다. 포틀랜드 리서치 그룹Portland Research Group의 연구에 의하면 고객들은 자신이 제기한 문제를 해결하기까지 평균 2,3회의 전화 통화를 해야만 하는 것으로 조사되었다.

그런 숫자들이나 격노한 고객들은 그렇다 치더라도 당신의 동료에 대해서 생각해 보라. 누구도 기다리는 일로 시간을 보내길 원치 않는다. 정보 전달의 지연은 전형적으로 의사결정이 지연되고 있다는 것을 의미한다. 어떤 프로젝트가 '진행' 혹은 '보류' 상태인지 아무도 정확하게 알고 있지 못하기 때문이다. 결과적으로 생산성은 곤두박질치게 되는 것이다.

커뮤니케이션의 지연은 구성원의 사기를 꺾는다.

위기 상황, 속도 아니면 그에 상응하는 결과

민간 프로젝트 팀인 '외교적 행동을 위한 비즈니스'는 기업들이 위기 상황에서 보다 효율적인 커뮤니케이션을 수행할 수 있는 방법을 터득하게 하기 위한 연구 프로젝트를 위탁받았다. 에코 리서치Echo Research에서 진행했던 여섯 개의 글로벌 마켓에 관한 연구에서 로버트 홀랜드Robert Holland와 카트리나 길Katrina Gill은 허리케인 카트리나에 대해 집중 취재했던 국제적 신문의 기사들 중 84퍼센트가 미국 정부에 대해 부정적인 기사를 다루었던 점을 발견했다. 의기 상황의 커뮤니케이션에 대한 계획이 전무하거나 최소한의 대비책도 없었던 상황에서 어떤 결과가 초래되는지를 목격한 기업들이 주의를 기울이기 시작했다. 설문 조사의 결과는 위기 상황에 대비한 커뮤니케이션 계획을 가지고 있었던 기업의 69퍼센트가 2005년도의 위기 상황에서 그 대비책을 실제로 사용한 것을 보여 주었다.

요약해서 말하자면 신속하게 정보를 얻는 것은 위기 상황에 처한 사람들에 대한 응급 지원을 도와주고 소문이나 관심사를 해결해 주며 의욕을 유지시켜 준다.

허리케인 카트리나와 리타가 지나간 직후에 실시된 조사에 따르면 페덱스FedEx가 위기 상황의 커뮤니케이션의 본보기가 되고 있는 것을 알 수 있다. 그들은 태풍이 상륙한 기간 동안 각기 다른 부서의 관리자들로 팀을 구성하여 내외부의 메시지를 조율하도록 했다. 이메일과 내부 위성 텔레비전 네트워크, 대중을 상대로 한 보도자료 배포, 인터넷 기사 개제, 긴급 직통 전화 등을 이용하여 직원과 고객에게 똑같이 최신 정보를 제공하며 일상 업무를 이어나갔다.

그들은 또 다른 커뮤니케이션 체계를 설정하여 피해 지역에 있는 자사의 직원들을 돌보는 데 사용했다. 그들이 접근할 수 있는 혜택은 어떤 것인가, 그들의 급여를 현금화 할 수 있는 방법은 무엇인가, 구제 기금에 접근할 수 있는 방법은 무엇인가 등에 관한 정보를 신속하게 전달해 주었다. 경영진들은 피해 지역을 방문하여 직원들과 직접 얼굴을 대하는 시간을 갖기도 했다.

이런 노력과 직원이나 고객들과의 커뮤니케이션 속도를 소중하게 생각했던 기업들과는 대조적으로 각기 다른 정부 부처에서는 커뮤니케이션 '부재'에 대한 책임 공방이 그 이후 몇 달 동안이나 지속되었다.

테러리즘의 경우 정보를 수집하고, 정리하고, 정보에 대해 접근하고, 정보를 가로채고 그리고 그 정보에 의해 의사 결정을 내리고 행동하는 일에 속도가 필요하다는 것을 강조할 필요가 있겠는가?

당신이 탑승하려는 비행기에 대한, 당신이 일하고 있는 빌딩에 대한 혹은 당신이 참석하고 있는 국제회의에 대한 테러 공격 계획에 대해 정부가 사전 정보를 가지고 있다면, 해당 정부 부처에서 당신에게 그 정보를 공개하기까지 얼마나 오랫동안 정보의 공개를 보류해야 한다고 생각하는가? 비록 생사가 걸린 상황은 아니겠지만, 동료들이나 고객들도 제품이나 서비스의 하자에 대해 그와 유사한 공포심을 느낀다.

정보 전달의 지연, 즉 커뮤니케이션의 지연은 위기를 재난으로 바꿔놓을 수 있다. 만약 정보 전달의 지연으로 인해 인명 피해나 손상, 파괴 등이 유발되지 않았다면 최소한 사람들을 분노하게 만드는 결과를 초래한다.

위기를 대비하는 커뮤니케이션

위기에 대비한 계획을 세우는 것에서부터 시작하라. 그리고 모든 사람들에게 그 계획을 알려 주어라. 관련된 모든 사람들 사이의 커뮤니케이션을 위해 다음의 원칙을 반드시 염두에 두도록 하라.

메시지의 양을 줄여라

만약 당신의 이웃이 언제나 큰 소리로 난리를 피우는 사람들이라면 오후 2시에 들려오는 긴 소란에 그리 큰 신경을 쓰지 않을 것이다. 하지만 평소에 쥐 죽은 듯이 조용했던 이웃집에서 어느 날 갑자기 한 밤중에 오싹한 비명 소리가 들려온다면 당신은 아마 경찰에 신고를 했을 것이다.

당신이 사용하는 이메일에도 똑같은 원리가 적용된다. 당신으로부터 전달받는 메시지가 많을수록 사람들이 당신의 메시지를 인식하는 정도는 줄어든다. 만약 사람들이 당신이 보낸 메일을 언제나 '이미 지난 후에' 읽게 된다면, 예를 들어 회의에 참석했어야 할 아침 시간이 이미 지난 후에 읽게 된다면, 보고서를 이미 제출했어야 하는 시간보다 일주일이나 늦게 읽게 된다면, 화상 회의에 참석했어야 할 날짜가 지난 후에 읽게 된다면 그 원인을 조사해 보아야 한다. 그들은 당신으로부터 시시콜콜한 정보, 필요 없는 정보 혹은 관련 정보를 얻고 있기 때문에 정작 중요한 정보를 무시하고 있는 것은 아닌가?

만약 그렇다면 메시지의 양을 줄여야 한다.

위기 상황에서 실질적 메시지를 전달하라

위기 상황에 직면했을 때는 세련되게 다듬어진 산문체의 정보를 내일 전달하기 보다는 완벽하지 않은 형태의 정보를 오늘 전달하는 습관을 가지는 것이 좋다. 무대 뒤에서 어떤 일이 일어나고 있는지 모든 사람들이 알 때까지 너무 오래 기다리면 비평가들이 사건의 결말을 이미 다 말해 버린 이후에 영화 팬들이 느끼는 것과도 같은 실망감만을 전달하게 될 뿐이다.

군이 그런 이유가 아니더라도 장황한 산문체를 완벽한 문장으로 다듬는 일은 당신이 진실을 덮으려 한다는 선입견을 가지도록 만든다.

정보는 적기에 전달하라, 아니면 시도하지 도 마라

나도 물론 잘 알고 있다. 바로 이것이 핵심이라는 사실을 말이다. 그러나 어떤 사람, 어떤 팀 그리고 어떤 조직에게는 이것은 보기보다 훨씬 어려운 일이다. 그렇지 않다면 우리는 이런 사례를 찾아볼 수 없었을 것이다.

- 서비스가 수행된 지 너무나 오랜 시간이 지난 후이기 때문에 설문조사가 무엇을 알아보기 위한 것인지 기억조차 하지 못하는 고객 만족도 설문 조사.
- 요청한지 너무 오래되어 무엇 때문에 요청한 것인지 조차 기억하지 못해 받자마자 돌려준 물건.
- 이메일 또는 서신으로 '후속 조치' 취하겠다고 말했지만 그 후로 어떤

소식도 들은 기억이 없는 사람으로부터 걸려온 전화.

- 적합한 서류들이 제출된 지 몇 달이 지난 이후에 그리고 그에 대한 필요성이 더 이상 없어진 이후로도 한참이나 지난 후에 도착되는 '공식적인' 문서나 증명서.
- 무역 박람회의 한 전시관에서 잠시 들러 요청한 지 몇 달이 지난 후에 그리고 이미 의사결정을 내리고 다른 곳으로부터 구매한 이후로도 한참이 지난 후에 도착하는 홍보 자료.

갑작스러운 기술적인 결함을 이유로 메시지가 어쩌다 늦게 전달된다면 마음껏 불만을 터뜨려도 좋다. 하지만 말을 통해 전달되는 메시지라면, 그 때는 누구를 탓할 것인가?

블로그의 장점을 활용하라

블로그는 많은 조직에서 커뮤니케이션 속도에 대한 해답이 되어왔다. 직원과 고객 양쪽 모두를 위한 속도 말이다. 요즘은 하루에도 4만개 이상의 새로운 블로그가 만들어 지고 있다. 이 책이 서점에 전시될 때쯤이면 그 수치도 이미 옛것이 되어 있을 것이다. 실제로 전문가들은 직원과 고객을 위해 신속하게 정보를 전달하는 방법으로 이미 그 절정에 이르러 있는 현상이 바로 블로그라는 예측을 내 놓고 있다. 블로그를 방문하는 사람들은 그런 '정보'에 접근하기 위해 회원 가입을 하고 다운로드 가능한 정보를 자신의 이메일 수신함에 즉각적으로 저장할 수 있는 것이다. 기업인들 중 보다 널리 알려진 블로거에는 다음과 같은 사람들이 포함된다.

- 조나단 슈워츠Jonathan Swartz, 선마이크로시스템즈의 최고 경영자
  (www.blogs.sun.com/jonathan)
- 존 맥키John Mackey, 홀 푸드 마켓의 사장
  (www.wholefoodsmarket.com/blogs/jm/)
- 밥 루츠Bob Lutz, 제너럴 모터스의 부회장
  (http://fastlane.gmblogs.com/)
- 존 드래군John Dragoon, 노벨의 최고 마케팅 책임자
  (http:// www.novell.com/company/blogs/cmo/)
- 케이트 퍼말Kate Purmal, 유쓰리의 최고 경영자
  (http:// katesblog.u3.com/)
- 저스틴 래트너Justin Rattner, 인텔의 최고 기술 책임자
  (http:// blogs.zdnet.com.OverTheHorizon)
- 에릭 블롯Eric Blot, 어웨이크 아이티의 최고 경영자 (프랑스)
  (http://ericblot.blogs.com/eric_blot_awakit/)
- 재키 캠프Jacques Kemp, 아이엔지 아시아 퍼시픽의 최고 경영자
  (http://mycupfcha.ingblogs.com)

- 마노 라나위라Manoj Ranaweera, 이비텍스의 최고 경영자

    (http://www.manojranaweera.com/)

- 톰 바퀴스트Tom Barquiest, 잉그레스의 최고 재무 책임자

    (http:// blogs.ingres.com.tomberquist)

- 마크 큐반Mark Cuban, 댈러스 메버릭스의 소유주

    (http://www. BlogMaverick.com)

- IBM의 직원들은 50개가 넘는 블로그를 운영하며 IBM의 제품과 일

    반적인 기술 관련 쟁점들에 대해 토론한다.

    (http:// www-03.ibm. com/developerworks/blogs)

실제로 유명한 전 마이크로소프트 블로거이자 '블로거들의 세상 blogosphere'에서는 '스코블라이저Scobleizer'로 널리 알려진 로버트 스코블Robert Scoble은 마이크로소프트와 애증의 관계를 가진 독립적인 소프트웨어 개발자들 사이에서 너무나 유명해진 나머지 그가 2006년 6월 마이크로소프트를 떠난 일이 미국의 일간지 「USA 투데이」에 기사로 실렸을 정도였다.

만약 당신이 전하고자 하는 메시지를 신속하게 전달하기위해 블로그를 운영할 계획이라면 다음과 같은 핵심 원칙들을 항상 새겨 두도록 하라.

- 직접 운영하라. 당신의 의견을 표현하고 당신이 제기한 쟁점에 대해

    입장을 분명히 하라.

- 청중을 분명히 설정하라. 당신이 가진 정보를 누구에게 전달하고 싶은지 분명히 알아야 한다.

- 당신의 목적이 무엇인지 알아야 한다. 그리고 특정 청중을 대상으로 하는 최선의 커뮤니케이션 방법이 블로그인 이유에 대해서도 알아야 한다.

- 당신이 한 말에 대한 피드백을 허용하라. 좋은 것이든 나쁜 것이든, 험악한 것이든 상관없이 말이다.

- 높은 사람들이나 법조계 혹은 기업 홍보 담당자가 당신의 메시지를 편집하기 위해 건네는 특혜를 거절하라. 그것은 메시지의 신빙성을 파괴하는 행위다. (블로그의 메시지 편집이 당신의 일자리를 유지하거나 책임을 회피하도록 만들어 주는 것은 보장하겠지만 그것은 또 다른 문제다.)

- 당신의 주제에 관해 보다 많은 정보를 얻을 수 있도록 링크를 만들어 주어라.

- 언제 중지할 것인지 알아야 한다. 블로그는 영원한 것이 아니다. 블로그란 원래 특별한 목적을 위해서 사용되는 것이니까 말이다. 예를 들어, 특별한 정책이나 당신이 열정을 느끼는 원인 같은 것으로 그 때를 알 수 있다는 이야기다. 당신이 제기한 쟁점이 이미 지나간 과거사라면 블로그는 더 이상의 존재 목적이 없어진다. 다른 청중 혹은 새로운 목적을 위해서는 새로운 블로그를 게시하는 것이 좋다.

어떤 사람들은 블로거들이 정보를 전달해야 할 사람들에게 신속하고 정확하게 전달하는 것으로 엄청난 영향력을 발휘해 왔으며 이런 추세는 대기업 홍보부서들의 종말을 알리는 소리가 되어왔다고 주장하기도 한다. 나라면 그 말을 곧이곧대로 믿지는 않을 것이다. 정확성은 여전히 문제가 되는 부분이다. 만약 당신이 블로거들의 속도에다 대기업 홍보부서의 조사 행위나 정확성을 결합시킬 수 있다면 당신은 커뮤니케이션 분야의 오스카상 주인공이 되고도 남을 것이다.

우리의 문화는 헌신적인 근로자의 문화 그 자체다. 스키복이나 배낭의 주머니, 운동용 자전거, 부엌에나 자동차 안에나 어디든 할 것 없이 아이팟이나 PDA, 스피커, 제어장치 등이 들어갈 공간은 항상 있다. 접속 가능한 상태를 유지한다는 헌신적 성향을 뒷받침해 주기 위해서 말이다. 하지만 최신성을 유지한다는 것이 반드시 접속 가능한 상태를 유지하는 것과 같은 것은 아니다. 왜곡된 속도의 사례에서 알 수 있듯이 속도만으로는 원하는 것을 얻을 수 없다. 거북이같이 느려터진 속도로 진행되는 커뮤니케이션 또한 중요하게 받아들여 지지 않는다. 커뮤니케이션의 속도는 오직 오늘의 최고 인재와 최고 고객을 선발하는 경주에 참가하기 위한 자격 요건으로서의 역할을 할 뿐이다.

제9장

메시지를 예리하게 만드는 전략

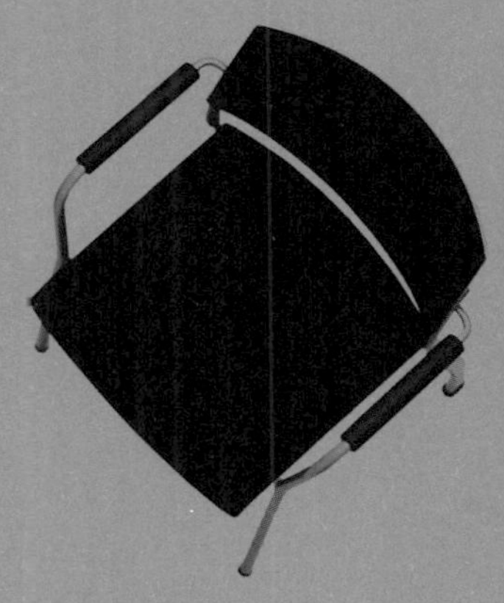

길고 복잡한 단어들을 지속적으로 사용하는 것은 두 가지를 입증한
다. 첫째, 당신의 학력이 높다는 것, 둘째, 당신이 사람들과의 최상
의 커뮤니케이션 방법에 대해 완전히 무지하다는 것이다.
－월 콘웨이

사람들이 항상 당신 뒤를 쫓아다니면서 당신의 업적을 지켜볼 수는 없다. 로켓을 쏘아 올리거나 연구 팀을 관리하거나, 고집 센 고객을 상대하거나 혹은 제품 디자인의 흐름을 수정하는 일과 같은 당신의 성과 말이다. 하지만 그들은 당신이 하는 말을 듣거나 당신이 쓴 글을 읽고 있다. 그리고 그들은 종종 당신의 경쟁력을 당신이 수행하는 커뮤니케이션으로 판단하곤 한다. 그들이 반드시 처음 목격한 것에 근거를 둔 판단을 내리는 것은 아니라는 말이다.

내가 상투 어구를 알기 쉽게 바꾸어 말한 것을 양해해 주길 바란다. 하지만 당신의 글과 말은 곧 당신 자신이라는 점은 엄연한 사실이다.

고객 혹은 동료들 사이에서 생겨나는 당신에 대한 평판은 흔히 단 한 번의 상호 작용에서 비롯된다. 만약 당신에게 전화를 대신 받아 주고 이메일의 답신을 대신 써 주고, 보고서를 대신 작성해 줄 누군가가 있다면 그가 바로 당신에 대한 인상을 만들어 내는 사람이다.

> ▶ 내가 상투 어구를 알기 쉽게 바꾸어 말한 것을 양해해 주길 바란다. 하지만 당신의 글과 말은 곧 당신 자신이라는 점은 엄연한 사실이다.

메시지 작성하기, 핵심은 무엇인가?

물론 당신에게는 전달하고자 하는 핵심이 있을 것이다. 그렇지 않은가? 그리고 목적도 있을 것이다. 어떤 유형의 커뮤니케이션이건, 그것이 연설이건 이메일이건, 보고서나 회의이건 카페테리아에 걸려 있는 포스터이건 혹은 무역 박람회의 귀빈 접대이건 상관없이 커뮤니케이션의 목적을 분명히 지적해야 한다.

분명한 목적 하나로 통지나 설득, 격려, 지도, 명령, 경고, 장애물 극복, 걱정에 대한 반응, 질문에 대한 대답 등 모든 것이 해결될 수 있다.

일단 당신의 진정한 목적을 결정하고 나면 핵심 내용을 한 문장으로 다듬어 전달하고자 하는 내용 전체를 표현하는 길잡이로 사용할 수 있다.

기억에서 지워지지 않는 메시지 작성하기

말콤 글래드웰은 그의 베스트셀러 저서 『티핑 포인트』에서 전염성 메시지, 즉 대중들 사이에서 이리 저리 전달되면서 '유행을 만들어 내는' 메시지라는 용어를 사용하고 있다. 유행을 만들어 내는 메시지는 다름 아닌 단순함 때문에 사람들이 쉽게 기억할 수 있다. 최근에 전파된 가장 기억에 남는 광고 문구나 정치적 슬로건들의 사례를 들어 보도록 하자.

- "소고기는 어디에Where's the beef?"
- "이것이 진짜다It's the real thing."

- "당신을 위해 불을 밝혀 두겠습니다

  We'll leave the light on for you."

- "이제 다 왔나요Are we there yet?"

- "행동하라Just do it!"

- "사나이라면…Real men don't…."

- "돈을 보여 달라Show me the money!"

- "웃으면 행복해 집니다Smile. Be happy."

- "나는 뉴욕을 사랑합니다I love New York."

- "텍사스를 거칠게 다루지 마세요Don't mess with Texas."

- "여기서 생기는 일은 여기에서만 가능한 것입니다

  What happens here-stays here."

- "남자의 법칙Man Law."

문장의 구조와 단어의 선택은 어느 정도의 중요성을 가지는 것일까? 위에서 언급한 슬로건이나 광고 문구들을 살짝 바꿔 보면 어떻게 될까?

- "소고기는 어디에Where's the beef?"를 "햄버거를 만들 때 사용하는 가공된 냉동 소고기는 어디에 있는가?"로 바꾸면 어떻게 될까?

- "이것이 진짜다It's the real thing."를 "이것이 우리가 좋아하는 구식 제품이다."로 바꾸면 어떻게 될까?

- "당신을 위해 불을 밝혀 두겠습니다We'll leave the light on for

you."를 "우리 호텔과 숙박업소에서 당신은 마치 내 집에 있는 것처럼 편안함을 느낄 수 있습니다"로 바꾸면 어떻게 될까?

- "이제 다 왔나요Are we there yet?" 를 "나는 여행하는 것에 지쳤습니다. 목적지에 도착했나요."로 바꾸면 어떻게 될까?

- "행동하라Just do it!"를 "뒤로 미루지 말고 지금 행동하라!"로 바꾸면 어떻게 될까?

- "사나이라면…Real men don't…."을 "이렇게 하는 것으로 당신이 사나이라는 것을 증명하세요."라고 바꾸면 어떻게 될까?

- "돈을 보여 달라Show me the money!"를 "보수를 받기 전에는 아무것도 하지 않을 것이다."로 바꾸면 어떻게 될까?

- "웃으면 행복해 집니다Smile. Be happy."를 "인생은 어려운 것이 아닙니다. 긴장을 푸세요."로 바꾸면 어떻게 될까?

- "나는 뉴욕을 사랑합니다I love New York."를 "뉴욕은 아주 살기 좋은 도시입니다."로 바꾸면 어떻게 될까?

- "텍사스를 거칠게 다루지 마세요Don't mess with Texas."를 "텍사스에서는 휴지를 버리지 마세요."로 바꾸면 어떻게 될까?

- "여기서 생기는 일은 여기에서만 가능한 것입니다What happens here-stays here."를 "당신은 라스베이거스에서 근사한 시간을 보내게 될 것입니다."로 바꾸면 어떻게 될까?

- "남자의 법칙Man Law."을 "이것은 모든 상황에서 남성들에게 일반적으로 받아들여지는 원칙입니다"로 바꾸면 어떻게 될까?

내가 전달하고자 하는 핵심은 바로 이것이다. 당신의 메시지를 기억에 남을만한 것으로 만들 수 있도록 시간을 투자하라.

개념적 용어를 구체적으로 표현하라

만약 당신이 한 사람 이상의 청중을 상대로 글을 쓸 때 혹은 연설을 할 때 이런 애매모호한 용어를 사용한다면 사람들은 다음 주에 실행에 옮길 업무 목록으로 제각각 다른 임무를 떠올리게 될 것이다.

아시아 기업들에게 비전이라는 말은 향후 20년에서 50년 사이에 실행될 계획을 의미하는 것이다. 반면 미국의 기업들에게 비전은 다음 분기에 해당하는 계획을 의미하는 것일 수도 있다.

당신이 상대하는 청중 중에 보다 구체적인 것을 원하는 사람들이 단지 직급이 낮은 일반 사원들만은 아니다. 정치판의 선거 후보들도 논쟁의 여지가 있는 쟁점에 대해 애매모호한 입장을 취하는 것만큼이나 선거 공약을 실행에 옮기는 일에 애매모호한 태도를 취하는 것으로 무수한 비판을 받는다. 사람들은 구체적인 것을 요구한다.

사실이 원인은 아니라는 것을 명심하라. 득점판을 보여주는 것에 그쳐서는 안 된다.

인터넷에서 '사실'을 검색했을 때 모순된 결과물을 얻어 본 적이 있는가? 예를 들면, 미국의 비 문맹률은 얼마나 높은가? 2005년도 국제

연합 개발 프로그램 보고서에 의하면 미국의 비 문맹률은 97퍼센트라고 한다. 미국 교육부의 통계는 90퍼센트라고 밝히고 있다. 가장 최근에 발표된 미국 성인의 비 문맹률에 대한 설문 조사의 결과를 담고 있는 국가 보고서에 의하면 77퍼센트에서 79퍼센트 사이다.

휴가비 지출에 대해서는 어떤가? 패밀리 라이프 커뮤니케이션 Family Life Communications이라는 조사 연구 기관에 따르면 미국의 각 가정에서 매년 크리스마스 선물비용으로 490달러를 소비하는 것으로 나타났다. 전국 소매 협회National Retail Federation에서는 소비자가 평균적으로 선물비용에 지출하는 금액이 738달러라고 보고하고 있다. 유치원 학모회Mothers of Preschoolers의 자료에 의하면 평균적으로 한 가정에서 휴가 기간 동안 선물비용으로 지출하는 금액은 천 달러가 넘는 것으로 나타나고 있다.

사실은 거짓이거나 잘못된 것, 오해 혹은 잘못 해석된 것일 수도 있다는 것이 사실이다. 의도적으로 혹은 뜻하지 않게 말이다. 마크 트웨인Mark Twain은 자신의 자서전에서 "거짓말에는 세 가지 종류가 있다. 거짓말, 터무니없는 거짓말 그리고 통계가 그것이다."라는 언급을 하기도 했었다.

비록 사실이 정확한 것이라 하더라도 그것이 언제나 원인이 되는 것은 아니다. 예를 들어, 한 영업사원이 나에게 연말에 주요 고객들에게 감사 선물로 줄 수 있는 그다지 유명하지 않은 PDA 제품을 개 당 99달러에 구매할 수 있도록 해 준다는 말을 했다고 가정해 보자. 그 영업사원은 그 사실을 구매로 이어질 수 있는 원인으로 해석했을 수 있다. 저렴한 가격과 고객을 위한 근사한 감사 선물이라는 사실 말이다. 반면 나는 똑같은 사실을 두고 구매를 하지 않기로 결정하는 원인으로 해석할 수 있는 것이다. 가격이 아무리 저렴하더라도 그다지 유명하지 않은 제품을 주요

고객을 위한 감사 선물로 제공하는 것은 좋은 인상을 남길 수 없고 오히려 내 회사를 싸구려로 보이게 만드는 원인이 될 수도 있다고 말이다.

주어진 사실을 스토리로 전달하라

　당신의 연설이나 프레젠테이션, 이메일 혹은 보고서 등을 사실의 연속으로 채우는 것보다 더 중요한 것은 그 사실들로 당신만의 스토리를 구성하지 않는 것이다. 당신에게 주어진 사실을 전달할 수 있는 스토리는 어떤 것인가? 그 사실들은 어떤 흔적을 남기는가?

　신제품 출시 이후 당신의 부서가 어떻게 급성장 했는지, 단 3명으로 시작한 엔지니어의 수가 사업 시작 이후 간 2년 만에 68명으로 급속하게 늘어난 사실에 대한 이야기를 들려준다. 그리고 품질 관리에서 불량품의 비율이 어떻게 높아지게 되었는지에 대한 이야기와 반품 비율에 대해서도 언급한다. 고객 만족 수치가 수직으로 곤두박질치게 된 사실도 보여준다. 컴퓨터를 켜는 것만큼이나 신속하게 주문량이 떨어지기

시작한 사실도 보여준다. 그런 다음, 3년 후에 58명의 엔지니어들을 정리해고 한 이야기로 돌아가는 것이다. 그리고 처음부터 다시 시작되는 것이다. 어떤 것인지 감이 잡히는가? 바로 드라마다. 대사와 절정, 대단원의 결말로 구성되는 드라마 말이다.

무역 박람회를 무대라고 가정해 보자. 같은 박람회에 참여한 경쟁자들의 수는 얼마나 되는가? 참석자의 수는 얼마나 되는가? 그들 중에서 당신의 전시장이 끌어들인 사람은 몇 명인가? 이유는 무엇인가? 사람들을 끌어들일 수 있었던 원인은 혹은 사람들을 끌어들이지 못했던 원인은 무엇인가? 당신을 화나게 만들었던 경쟁자들의 행위는 어떤 것이었는가? 박람회가 끝난 후 경쟁자들을 패배시키기 위해 당신이 달성해야 하는 영업성과의 비율은 어느 정도인가?

음악과 조명, 카메라, 그리고 액션! 사실 그 자체만으로는 결코 상대방의 마음을 움직일 수 없다. 적어도 장기적인 관점에서는 말이다.

스토리로 영향력을 창조하라

베트남 전쟁 당시 전투기가 격추 당해 낙하산으로 탈출하였지만 적군에게 사로잡혀 전쟁 포로로 거의 6년을 잡혀 있었던 공군 조종사 찰리 플럼Charlie Plumb 대위는 자신이 경험한 매혹적인 스토리를 들려주고 있다. 전쟁 포로수용소에서 풀려난 지 몇 년이 지난 후에 찰리는 우연히 그때 자신의 낙하산을 준비했던 사람과 마주치게 된 것이다. 그의 스토리는 자신이 다른 사람의 생명에 어떤 영향을 미치게 될 것인지 아는 사람은 아무도 없다는 메시지를 전달하고 있다. 그리고 그 메시지는 너무나 강렬해서 청중들은 몇 년이 지난 후에도 그 스토리를 기억한다. 심지어 인터넷을 통해 친구에게 다시 들려주기도 하고 오랜 시간이 지난 후에 찰리에게 그들 나름의 스토리를 들려주기도 한다.

당신의 메시지가 어떤 것이든 간에 용기나 결심, 헌신, 인내력, 고객 서비스, 비전, 경고, 변화에 관한 스토리들은 전달하고자 하는 메시지를 더욱 강력한 것으로 만들어 준다. 풍부한 문화와 전설적인 최고 경영자들이 만들어 낸 무수한 스토리에 대해 생각해 보라. 회사에 엄청난 손실을 입히는 결과를 가져온 실수를 저지른 아이비엠의 한 직원에 대한 스토리가 있다. 회사에 만 달러의 손실을 입힌 직원이 최고 경영자인 톰 왓슨Tom Watson의 집무실에 사직서를 제출하기 위해 들어섰을 때 왓슨이 남긴 유명한 말이 있다. "왜 내가 자네의 사직서를 원한다고 생각하나? 나는 지금 막 자네의 교육을 위해 만 달러를 투자했을 뿐인데 말이야."

그리고 테마파크를 돌아다니면 직접 쓰레기를 주웠던 월트디즈니의 스토리도 있다. 매일 같이 도시락을 싸 들고 출근길에 올랐던 샘 월튼Sam Walton의 스토리도 있다. 메리어트 호텔의 벨 캡틴이 아침 일찍 면접을 보러 가는 호텔 고객을 위해 자신의 구두를 벗어 주었다는 스토리도 있다.

십대의 나이에 나는 텍사스의 테마파크 식스플래그Six Flags에서 첫 번째 직장 생활을 경험했다. 그곳에서 나는 하얀색 운동화에 초콜릿 아이스크림 얼룩이 묻었다는 이유로 집으로 돌아가야 했던 직원들의 이야기를 들었다. 그곳에서 일하는 동안 그날 입을 유니폼을 지급받고 여름 동안의 일자리를 유지하길 원했던 사람은 결코 더러운 운동화와 헝클어진 머리 모양으로 직장에 나타나는 일이 없었다는 것만은 아직도 분명하게 말 할 수 있다.

이와 같이 문화를 만들어 내는 스토리들은 아직까지도 나의 컨설팅 프로젝트 업무에서 가장 먼저 다루어지는 부분이다. 재정 분야의 고문이자 현재는 대규모 중계 업체의 지역 담당자로 있는 페리는 자신의 견습생들에게 고객들을 대상으로 하는 영업 프레젠테이션에 보다 많은 스토리를 사용할 것을 권장한다. 초기에 무수한 고객을 잃어버렸던 자신의 스토리를 들려주면서 말이다. 그는 북동 지역에 있는 규모가 큰 병원의 퇴직 연금 펀드인 401(k) 펀드에 대한 운용을 놓고 또 다른 중계 업자와 경쟁을 벌이고 있었다. 병원 측에서는 그와 그의 경쟁자에게 병원 직원들 앞에서 프레젠테이션을 하도록 했고 그 후에 직원들이 직접 자신의 401(k) 펀드를 어느 쪽에 투자할 것인지 결정하도록 했다.

페리는 자신의 프레젠테이션 슬라이드를 온갖 사실들로 채워 넣었다. 보다 나은 수익성, 보다 나은 고객 서비스 등급, 보다 다양한 펀드 선택권, 자금 계획에 대한 보다 많은 융통성 등과 같은 사실들 말이다. 하지만 그의 경쟁자는 그보다 나은 프레젠테이션을 들고 나왔다. 그의 경쟁자는 자신의 회사가 어떻게 고객들의 인생에 관여하게 되었는지에 관한 몇 개의 스토리에 초점을 맞추고 있었다. 어떻게 고객들의 개인적 목표 달성을 도왔는지, 특히 위기 상황에서 어떤 도움을 주었는지에 관한 스토리들이었다.

92퍼센트의 직원이 그 경쟁자를 선택했고 페리는 고작 8퍼센트를 유치하는데 그쳐야 했다. 그는 자신이 고객을 잃어버린 이유를 전적으로 경쟁자의 스토리 탓으로 돌리고 있다. 자신이 전달하고자 하는 메시지를 청중의 기억에 남을 수 있도록 만들어 주었던 경쟁자의 스토리 말이다.

2년 전, 나는 시카고에서 콜린 파웰Collin Powell의 연설을 들은 적이 있다. 그가 청중을 사로잡았던, 진부한 말이나 통계, 리더십에 관한 연구 따위가 아닌 리더십에 관한 스토리와 미국을 위대한 국가로 만들 스토리로 청중을 사로잡았던 연설이다. 그는 시카고에 있는 식당 주인과 저녁 식사비용을 지불하지 못했던 한 무리의 외국 교환 학생들에 관한 스토리로 연설을 마무리 했다. 파웰의 메시지는 미국의 관대함은 정부 차원이 아닌 한 개인에 의해 전 세계의 개인들에게 직접 표현되었다는 것이다.

신중하게 선택한 스토리를 사용하여 당신이 전달하고자 하는 핵심으로 접근하라. 그렇다고 백 달러의 가치가 있는 스토리를 5센트의 가치 밖에 없는 3분짜리 연설에 사용해서는 결코 안 된다. 당신의 메시지를 전개하는 과정에서 상당한 심사숙고의 과정을 거쳐야 한다. 커뮤니케이션을 통해 당신이 달성하고자 하는 목적이 메시지의 보존과 영향력인가? 그렇다면 스토리를 만들어 내고, 모양을 다듬고, 적절하게 전달하라.

수사법을 통해 감정을 자극하고
이해의 깊이를 더하라

비교법을 사용하면 구체적인 비교에 근거하여 결론을 도출하게 된다. 아마존닷컴의 창업자 제프 베조스Jeff Bezos는 최근 주주들에게 보내는 보고서에서 이런 비교법을 사용했다.

"심사숙고하는 것은 필요조건인 동시에 진정한 주인의식의 결과물이기도 합니다. 주인은 세입자와 다릅니다. 나는 자신들의 집을 임대한 한 부부를 알고 있습니다. 그 집을 임차한 가족은 크리스마스트리를 장식할 때 나무 지지대를 사용하는 대신 바닥에 못을 박아서 나무를 세웠습니다. 이는 매우 이기적인 행동이라고 생각합니다. 그리고 이 가족은 유난히 나쁜 세입자들입니다. 집주인이었다면 그렇게 근시안적인 행동은 하지 않았을 것입니다. 이와 유사하게, 많은 투자자들이 실질적으로 단기 세입자에 지나지 않습니다. 자신들의 포트폴리오를 그렇게 신속하게 뒤집는 투자가는 주식을 빌려서 임시로 '소유'하고 있는 것에 불과하다는 얘깁니다."

우리는 홈페이지나 신문 또는 제품 카탈로그의 맨 윗자리 등을 가리켜 '최고의 명당'이라고 표현한다. 많은 인사 담당자들이 직원들에게 '카페테리아식' 복지에 관해 이야기한다. 이 한 마디만으로도, 직원들에게 복지를 선택할 수 있는 '메뉴'가 주어지고, 정해진 범위 내에서는 '회사'가 '전체' 비용을 부담할 것에 동의하며, 직원들은 각자의 '기호나 선호도'에 따라 메뉴 항목을 선택할 수 있다는 내용임을 알 수 있다.

이런 비유는 반드시 감정적인 반응을 애타게 바라는 것은 아니다. 이 것은 단순히 복잡한 개념을 명확하게 표현한 것일 뿐이다.

반면 은유는 비유를 포함하고 있으며 전형적으로 감정과 사고방식을 환기시킨다. 두 가지 모두 간결하면서 사람들이 아이디어나 상황에 대해 어떻게 생각하는가를 관리할 수 있는 강력한 방법이 된다.

만약 당신이 임무 수행 중인 자신의 동료와 완전히 교감하지 못하는 누군가에게 당신의 메시지를 전달하고자 한다면 전쟁 은유를 사용하는 것도 방법이 될 것이다. "존은 자신의 책상이 마치 여우굴이라도 되는 것처럼 머리를 처박고 있습니다. 그는 아주 가끔씩 머리를 밖으로 내밀어 전쟁을 치르고 있는 나머지 동료들을 도와줍니다. 그렇게 하지 않으면 본사가 부서 전체를 장악해 버릴 것이기 때문입니다."

만약 고객 서비스에 대한 무관심이 어떻게 비즈니스를 파괴할 수 있는가에 관한 메시지를 전달하고 싶다면 이런 용어를 사용해 보라. "우리의 열악한 고객 서비스 실태는 우리의 비즈니스를 좀먹고 있는 '암 덩어리'가 되었습니다. 나는 여기에 들어와 인사를 받을 때까지 10분을 기다리는 고객을 보았습니다. 그리고 우리가 고객이 찾는 물건이 어디에 있는지 알려 준 다음에 고객은 또 다시 계산대에서 기다려야 하고 물건을 차에 싣기 위해에서도 기다려야 합니다. 고객이 우리 매장에서 오래 머물수록 우리 속에 있는 암 덩어리는 줄어드는 것이 아니라 점점 퍼져나가는 것입니다."

만약 균형 잡힌 인생의 중요성에 대해 당신의 동료에게 메시지를 전달하고자 한다면 스포츠 은유를 사용해 보라. "인생에는 여러 가지 면이 있고 여러 가지 길이 있다는 것에 대부분 동의할 거야. 그것들은 모두 우리가 살아가는 전반적인 웰빙, 즉 잘 먹고 잘 사는 일에 아주 중요한 것들이지. 정신적인 웰빙이나 육체적, 영적인 웰빙 모두 말이야. 하지만 대부분의 사람들은 오직 한 가지 길에만 모든 시간을 소비하고 나머지 길들은 완전히 무시하고 있어. 그 한 가지 길을 걷는 도중에 만족과 성취감을 느낄 수 있을 것이라고 생각하면서 말이야. 하지만 그런 일은 일어나지 않을 거야. 그건 철인 3종 경기에 출전하면서 3개월 동안 자전거 타기 연습만 하는 것과 다르지 않잖아."

말콤 글래드웰은 그의 베스트셀러 저서인 『티핑 포인트』에서 아이디어가 점차적으로 '유행을 만들어 내면서' 일반 대중 속으로 퍼져나가는 방식을 설명하기 위해 '전염성 메시지'라는 은유를 사용하고 있다.

은유와 비교법은 어떤 것을 선택하느냐에 따라 쟁점에 대한 강력한 사고의 방식을 만들어 내고 아이디어를 기억에 남는 것으로 만들며 그에 동반되는 강력한 감정을 불러일으키는 경우가 많다.

당신의 견해를 밝혀라

설득의 수단으로 과장하는 것은 피하도록 하라. 하지만 떠들썩한 과장이 없는 것이 결코 의견이 없다는 의미는 아니라는 점을 명심하라. 한 투자 회사에서 고객에게 전달하는 메시지를 만들어 내는 일을 위해 고용되었을 때 나는 그 회사의 부사장 네 명이 '공식적인' 회사 개요에 관한 정보로 자신의 담당 분야를 각각 설명하는 것을 듣게 되었다. 법무실장은 부동산 투자와 그에 관련된 새로운 규저 법률에 관한 개요를 제시해 주었다. 그가 설명을 마쳤을 때 내가 이렇게 물었다. "오늘날 자기 자본 비율이 높은 개인 투자가들에게 부동산이 좋은 투자처가 된다고 생각하십니까?"

"물론입니다. 최상의 투자처죠. 이유로는 몇 가지가 있습니다."라고 그가 대답했고 그 이유도 열거해 주었다.

"그 이유들을 프레젠테이션에 포함시키지 않은 이유는 무엇입니까?"라고 내가 물었다.

"포함되어 있습니다."

"저는 듣질 못한 것 같군요."

"아마 그런 정보가 최상의 투자처가 된다는 이유로 소개되지 않았을 수도 있습니다. 하지만 사실들은 모두 포함되어 있습니다. 투자자들은 그런 결론을 이끌어 낼 수 있었을 것입니다."

"하지만 그런 결론을 이끌어 내는 일을 듣는 사람에게 맡기는 이유는 무엇입니까?"

"저는 변호사입니다. 제가 중고차 영업사원으로 보이길 원하진 않습니다."

그로부터 한 시간 동안 우리는 사실의 과장과 설득력 있는 프레젠테이션 사이의 차이에 대해 토론을 벌였다. 어찌됐건 그의 회사는 매년 부동산 계획 수립가들이나 재정 고문, 중계 업자, 잠재 고객들을 모셔다 그들이 부동산에 투자하도록 설득하는 일에 수백만 달러의 비용을 소모하고 있다. 그런 회사의 법무 실장이 고객의 결론을 이끌어가길 원하지 않을 이유는 도대체 무엇이란 말인가?

당신의 목적에 대해 명확해야 한다. 만약 당신이 단순히 정보를 쏟아 놓으라는 요청을 받았다면 그렇게 해도 좋다. 하지만 대개의 경우, 청중은 당신이 제공하는 정보에 대해 견해를 밝혀 줄 것을 요청할 것이다. 당신의 메시지를 듣는 모든 청중이 동일한 결론에 도달할 수 있도록 만들기 위해서는 당신의 견해가 '설득의 4요소', 즉 확고부동한 사실, 건전한 논리, 단도직입적인 언어, 강력한 구조 등을 포함하고 있어야 한다.

유머로 그들을 사로잡아라

코미디언이 되어야 한다고 제안하는 것이 아니다. 그저 지나치게 심각한 사람으로 보이지 않도록 하기만 하면 된다. 우스운 이야기가 당신의 핵심 메시지를 전달해 준다면 주저 없이 사용하라. 만약 단 한 줄의 문장이 모든 것을 대변한다면 청중에게 던져 주어라. 만약 일요일 신문에 실린 만평이 당신의 메시지를 정확하게 표현하고 있다면 그것을 사용하라. 유머는 대중의 주의를 끌고 사람들이 계속해서 듣도록 만든다. 그리고 에너지를 끌어 올리고 끝까지 들어준 청중에게 보상을 주는 방법이 된다.

주위 환경에 주의하라

당신의 메시지를 전달하기에 앞서 그에 대한 반응을 예측하라. 사람들의 관심사는 돈인가? 체면을 구기는 일인가? 촉박한 마감기한인가? 우선순위를 정하는 것인가? 만약 그렇다면 당신의 문장을 새롭게 다듬을 필요가 있는가? 세부사항을 추가해야 하는가? 다른 쟁점들을 명확하게 밝혀야 하는가? 은유적인 전후관계와 시기적절성과 같은 물리적 그리고 감정적인 환경을 고려하라. 그리고 그에 맞추어 당신의 메시지를 수정하라.

메시지 전달하기, 이중인격

당신은 지금까지 "정말 당신이 맞습니까? 돈소리를 알아보지 못하겠군요."라는 질문으로 프레젠테이션의 먹을 끊고 싶다는 생각을 해 본적이 있는가? 누군가 많은 사람들 앞에서, 특히 고위경영진들 앞에서 아이디어나 정보를 일어서서 발표할 때 아주 이상한 현상이 발생한다. 그 사람의 목소리가 마치 다른 사람처럼 들리는 것이다.

마치 그가 서로 다른 두 개의 목소리 또는 커뮤니케이션 스타일을 가지고 있는 것과 흡사하다. 그들은 말하기 방식과 '전달하기' 방식을 모두 가지고 있으며 상황에 따라 두 가지 사이를 넘나들 수 있는 능력이 있다. 말하기 방식을 사용할 때 그들은 대화에 몰입해 있는 사람처럼 들린다. 자연스럽고 신뢰감이 있으며 몰입해 있고 접속되어 있고 명확하고 활기에 차 있으며 열정적이고 흥미롭다. 그들이 '전달하기' 방식을 사용할 때는 마치 로봇이 말을 하고 있는 것과 같다. 부자연스럽고 뻣뻣하며 몰입해 있지 않고 인간적 의사소통이 없으며 복잡하고 변조된 목소리를 내고 에너지도 없고 열정도 없고 흥미도 없다.

고위경영진들을 상대로 한 프레젠테이션 강의에서 내가 직면한 첫 번째 도전 과제는 이런 이중인격을 하나로 합치는 일이었다. 대중 앞에서 연설할 때 '부자연스러운' 자신이 아닌 '자연스러운' 자신의 모습을 유지하는 방법을 습득하도록 도와주는 일이 가장 큰 도전과제였다는 이야기다. 많은 사람 앞에서 연설을 하던 이메일을 쓰든 혹은 복도에서 잡담을 나누든, 경쟁력 있는 커뮤니케이터라면 이미 메시지를 명확하게 전달하기 위한 세 가지 방법을 터득하고 있을 것이다. 단순한 단어와 짧은 문장 그리고 구체적인 언어, 이 세 가지 말이다.

어떤 사람이 나에게 보낸 자신의 일에 대해 설명하는 이메일이다.

나의 일은 프로세스의 제도화와 그 유지를 지원하기 위해 적절한 프로세스 개발 업무들이 진행될 수 있도록 보장하는 것입니다. 비즈니스 프로세스 관리는 내가 맡고 있는 역할의 핵심이며, 그것은 프로세스의 경쟁력에 틈이 있는가를 지적하고 그 틈을 메우는 일입니다.

도대체 그는 무슨 일을 하고 있는 것일까? 당신의 청중 혹은 독자들을 암호 해독자로 만들어야 하는 이유는 무엇인가? 당신이 의도하는 바를 그대로 말하라. 이런 종류의 수수께끼를 풀만한 시간은 그 누구에게도 없다. 수영장 옆에서 한가한 시간을 보낼 때를 위해 아껴 두는 편이 나을 것이다.

핵심으로 커뮤니케이션을 시작하라

만약 당신이 농담을 하고 있다면, 영화를 감독하고 있다면 혹은 텔레비전 시트콤을 쓰고 있다면, 당신의 청중들은 지루함에 하품을 하고 자리를 뜨거나 채널을 돌리기 전

에 자신들의 흥미를 끌 수 있도록 당신에게 몇 분의 시간은 허용해 줄 것이다. 비즈니스 동료들이 언제나 그렇게 인내심이 많은 것은 아니다.

당신의 이메일이나 브리핑 또는 제안서를 읽고 듣는 청중은 제일 먼저 당신이 전달하고자 하는 핵심을 알고자 할 것이다. 거기에는 몇 가지 이유가 있다.

- 전달하고자 하는 메시지에 대한 전체적인 요약이 먼저 제시되지 않으면 세부 사항을 이해하기가 어렵다.
- 주의력은 아주 빠르게 흐트러진다. 청중들이 자리를 뜨거나 졸거나 혹은 자신의 치과 의사에게 보내는 문자 메시지 작성을 시작하기 이전에 그들의 주의를 사로잡을 필요가 있다.

- 사람들은 적용 가능한 메시지를 기대한다. 500가지가 넘는 텔레비전 채널과 1,800백 개가 넘는 신문, 수백 가지의 머리기사, 팝콘 터지는 속도보다 더 빨리 인터넷에 생겨나는 블로그 등 수많은 메시지들로 넘쳐나지만 사람들은 자신에게 필요한 메시지를 신속하게 선택하고 싶어 한다.

좋은 소식이건 나쁜 소식이건 경쟁력 있는 커뮤니케이터라면 핵심을 전달하는 일의 가치를 분명 이해할 수 있을 것이다.

달 착륙에 성공한 이후 처음으로 달에서 온 메시지, "여기는 트렌킬 러티 베이스 기지다. 독수리가 착륙했다."

2차 대전 당시 프랑스의 패전 이후 윈스턴 처칠이 처음으로 한 말, "프랑스로부터 전해진 소식은 매우 나쁜 소식입니다."

911사태 직후 부시 대통령의 대국민 연설 중 첫 마디, "지금은 미국에게 힘겨운 순간입니다. 오늘 우리는 국가적 비극을 맞이하였습니다. 비행기 두 대가 세계 무역 센터로 추락했고 이것은 미국에 대한 테러리스트의 공격으로 추정됩니다."

당신의 메시지를 간결하게 요약하는 것으로 청중의 주의를 집중시켜라. 그런 다음 세부 사항을 전달하라.

열정적으로 전달하라

많은 사람 앞에서 당신의 아이디어를 발표하거나 회의에 참석하기 위해 회의장으로 들어갈 때 당신의 인성도 함께 가지고 가도록 하라. 때로 사람들은 '지나치게' 어떻게 되는 상황이 두렵다고 주장한다. '지나치게 앞서 가는 것', '지나치게 강한 것', '지나치게 강조하는 것', '아이디어를 지나치게 주장하는 것', '지나치게 사람들을 선동하는 것' 등등 말이다.

그 결과 '지나치게' 어떻게 되는 상황을 만들지 않기 위한 나름의 노력을 기울이는 도중에 '너무 아닌 것'의 나라에서 지체하게 되고 만다. '너무 명확하지 않은 것', '너무 팔리지 않은 것', '너무 간절하지 않은 것', '너무 공격적이지 않은 것', '너무 열정적이지 않은 것', '너무 설득력이 없는 것', '너무 확실하지 않은 것', '너무 준비되지 않은 것' 등등 말이다.

만약 내가 '너무 아닌 것'에 해당하는 인성을 가진 누군가를 보고 "그 사람의 아이디어를 채택할 생각이 있습니까?"라는 질문을 받았다면 내 대답은 분명 "아니요."였을 것이다. 당신은 어떤가?

당신은 당신의 보험 소송 사건에 관한 사실을 배심원들 앞에서 제시하는 변호사가 얼마나 열정적이길 원하는가? 당신은 당신 자신이 앓고 있는 병을 치료할 수 있는 연구 사업에 대한 지원을 놓고 논쟁을 벌이는 의회 대표자가 얼마나 열정적이길 원하는가? 당신의 새로운 벤처 사업에 투자하도록 투자자들을 설득할 때 당신은 얼마나 열정적일 수 있는가? 당신의 아이를 납치해간 유괴범에게 간청할 때 당신은 얼마나 열정적일 수 있는가?

우리의 열정은 어떤 상황에 처해 있는가에 따라 높아 질 수도 있고 떨어질 수도 있다. 당신의 청중은 그런 개념을 너무나 잘 이해하고 있다. 그들은 상황의 변화를 당신으로부터 알아낸다. 당신의 흥미가 그들의 흥미를 자극한다. '너무 아닌 것'과 '지나치게' 사이의 차이점은 곧 당신의 아이디어나 제안서의 생존과 죽음 사이의 차이점을 의미하는 것이다.

휴지통에서 벗어날 수 있도록 써라

이메일의 받은 편지함은 10년 전의 우편함과도 같은 역할을 하게 되었다. 받은 편지함에는 안내장이나 쿠폰, 청구서, 가끔씩 배달되는 인사 편지까지 모두 포함되어 있다. 만약 당신이 다른 사람에게 보내는 이메일이 주의를 끌 수 없는 것이라면 곧바로 삭제되거나 영원히 잊힌 상태로 남아있게 될 것이다.

20개 기업에서 658명이 응답해 준 우리 회사에서 실시한 최근 설문 조사를 통해 발견한 사실은 이런 것이다. 93퍼센트가 하루에 10건 이상의 이메일을 수신하고 있다. 25퍼센트는 30에서 50건 정도의 이메일을 수신한다. 또 다른 24퍼센트는 하루에 최대 200건의 이메일을 수신한다. 모두 '대응해야' 하는 이메일들이다. 79퍼센트가 이렇게 많은 이메일에 응답하는 일로 하루에 최소 2시간을 소비하고 있다고 말한다. 47퍼센트는 이메일을 처리하는데 최대 3시간을 소비한다고 답했다. 5분의 1에 해당하는 21퍼센트는 하루 4시간 이상을 이메일 대응에 소비한다고 답하고 있다([표 9.1] 참조).

이렇게 쌓여만 가는 이메일의 받은 편지함 문제를 처리하기 위해 대부분의 사람들은 내용을 건성으로 읽는 방법을 선택한다. 흔히 두 세 번은 읽어야 내용을 파악할 수 있다는 이야기다. 47퍼센트의 응답자가 말 한, 가장 큰 불만 사항은 이메일이 정돈되어 있지 않고 내용이 무관하거나 완전하지 못한 정보를 포함하고 있다는 것이다.

분명 당신의 경쟁력이 다른 누군가의 이메일 받은 편지함에서 드러나게 되는 것이다. 당신의 성과를 문서로 잘 표현하는 능력뿐만 아니라 명확한 사고 능력까지도 전달되는 것이다.

방주: 글을 잘 쓰는 사람이 돈도 많이 번다. 다수의 세밀한 연구 결과는 비 문맹률과 소득 사이의 상관관계를 명확하게 보여 주고 있다. 미국 내 천 개의 대기업들 중 96퍼센트가 경쟁에서 앞서기 위해서는 직원들이 우수한 커뮤니케이션 기술을 보유하고 있어야 한다고 말하고 있다. 오리건 주의 포틀랜드 주립 대학Portland State University 언어학 교수인 스테판 레더Stephen Reder는 미국 교육부와 공동으로 미국 성인의 언어적 숙련도가 평생에 걸친 경제적 성공에 미치는 영향력을 측정하는 연구를 진행해 왔다. 결과는 글쓰기 능력을 5분위수로 나누었을 때 가장 높은 위치를 차지한 사람들은 가장 낮은 능력을 보여준 사람들에 비해 평균 세 배 이상의 소득을 올리고 있는 것으로 나타났다.

경쟁력을 갖춘 커뮤니케이터는 시궁창에서
스스로 빠져나올 수 있는 글쓰기 능력을 갖추어야 한다.

이메일에 대한 부어 커뮤니케이션의 설문조사*

받은 편지함에 쌓이는 이메일 :

71%가 하루 평균 10건에서 50건 사이의 이메일을 작성한다고 응답함.

23%가 하루 평균 50건 이상의 이메일을 수신한다고 응답함.

이메일 응답에 소요되는 시간 :

79%가 하루 평균 2시간을 소모한다고 응답함.

47%가 하루 평균 3시간을 소모한다고 응답함.

21%가 하루 평균 4시간 이상을 소모한다고 응답함.

수신 이메일에 대한 가장 큰 불만 사항과 보다 뛰어날 수 있는 기회 :

정돈되어 있지 않고 무관하며 불완전한 정보	47%
너무 많은 수신 메일	20%
너무 긴 메일 내용	18%
형편없는 문법 (불명확성)	10%
지나치게 기술적인 내용	3%
무례하고 퉁명스러운 어투	2%

* 조사 대상 기업의 수: 20, 설문조사에 응답한 응답자 수: 658명

전형적인 형식은 잊어라

침대에 누워서 듣던 무수히 많은 이야기들이 '옛날 옛적에'라는 표현으로 시작된다. 하지만 비전문적인 비즈니스 서신도 마찬가지다. 당신의 고객이나 보스, 동료는 당신의 이메일을 오락거리로 읽는 것이 아니다. 그러니 판단을 미룬 상태로 그들을 붙잡아 두지 않도록 하라. "그들은 오래오래 행복하게 살았다" 혹은 "오래오래 행복하게 살기 위해 당신의 도움이 필요하다"와 같은 내용으로 시작하라 (전반적인 메시지와 행위에 관한 내용 말이다). 그리고 다시 돌아와 읽는 사람이 행동을 취하고 의사결정을 내리는데 필요한 배경 정보를 제공하라.

보고에 그치지 말고 대안을 제시하라

일반 사원 직급에 있는 사람들은 특히나 이렇게 반박한다. "아무도 나한테 대안을 제시하라고 요청한 적이 없습니다. 그냥 질문에 대답하라고만 할 뿐입니다."

다시 생각해 보라. 그런 경우의 대부분은 당신이 전문가이기 때문에 그들이 질문을 하는 경우일 것이다. 적절한 전문성을 갖춘 담당자 말이다. 그들은 단순히 "사실만 전달해 주십시오. 감사합니다."라고 말하길 원치는 않을 것이다. 그들은 당신의 전문적인 의견을 원하는 것이다. 전후 관계에 비추어 볼 때, 그들의 목적이나 그들의 질문, 그들이 물어봤어야 할 질문들을 고려해 볼 때, 그 목적을 달성하기 위해 당신은 어떤 방법을 추천하겠는가?

의사에게 검진을 받으러 갈 때 당신은 의사의 의견과 함께 검사 결과와 엑스레이 사진 판독 결과까지 듣기를 기대하지 않는가? 회계사를 만나면 당신은 그들이 오로지 숫자만 제시하길 기대하는가 아니면 공제 가능한 것은 무엇이며 공제 불가능한 것은 무엇인지 그들의 의견을 듣길 원하는가? 재정 고문과 이야기를 나눌 때, 당신의 포트폴리오 상에서 높은 수익률을 보인 종목에 대한 보고만을 듣길 원하겠는가 아니면 다양한 투자 기회에 대한 전문가의 의견을 듣길 원하겠는가?

문제에 대한 해결을 다른 사람의 몫으로 돌리지 말라. 그것은 마치 "여기 있어요. 내 할 일은 다 했어요!"라고 말하는 것과도 같은 것이다. 만약 당신이 그 문제에 가장 친숙한 사람이라면 그리고 사용 가능한 정보를 가장 많이 보유하고 있는 사람이라면 다른 사람이 해결책에 좀 더 가까이 갈 수 있도록 만들어 줄 행동으로 옮겨 갈 수 있는 무언가를 제공하라.

만약 당신이 최전선의 참호에서 전투를 치르고 있는 사람이라면 도움을 줄 수 있는 다른 사람에게 어떤 제안을 할 것인가? 문제만큼이나 명확하게 다음 단계에 관한 커뮤니케이션을 수행하라. 그러면 당신에게 분명 리더라는 이름표가 붙게 될 것이다.

당신이 중역 회의실로 들어가고 있든 고객 사무실로 들어가고 있든 상관없이 당신의 견해를 제공하거나 대안을 추천할 준비를 갖추고 있어야 한다. 당신이 기여할 수 있는 핵심 가치에 대해 깊이 생각해 보라.

언제 물러설 것인가를 판단하라

책임자가 회의에 늦게 나타났다. 모든 사람을 기다리게 만들면서 말이다. 혹은 극적인 퇴장 이전에 모든 사람들이 마지막 명령을 수행하기 위해 허둥거리게 만들 말을 남기고 나갔다. 가정에서 일어나는 부부 싸움에서도 똑같은 극적 상황이 연출된다. 남편은 코트를 집어 들고 집을 나서면서 짤막한 말을 남긴다. "나 지금 애틀랜타로 갈 거야." 그렇게 나가버리고 그렇게 떠나버리고 그렇게 끝나는 것이다.

동일한 역학이 이메일 대화에서도 발생한다. 어느 한 쪽이 회신을 중단했을 때 말이다. 회신을 중단한 것에 함축된 의미는 거절이다. 이제 그 정도면 됐다. 당신에게 이렇게 하찮은 내용의 이메일을 보내는 것보다 더 중요한 일이 많다. "당신 할 일이나 제대로 하면서 날 좀 그만 괴롭히는 것이 어때?" 라는 의미 말이다.

반면, 다음과 같은 이메일을 계속 주고받는 당신이 어리석다고 느낄 수도 있을 것이다.

"유니버설에 전달할 제안서의 마감이 금요일입니다. 언제 제출했는지 알려 주십시오."

"지난 화요일에 제출 했습니다."

"잘했군요. 다음 주에 내가 휴가 가기 이전에 그쪽에서 결정을 내려 주길 바라고 있습니다."

"예, 저도 그렇습니다."

"그쪽 제안서 담당 팀에서 다른 연락이 오면 저에게 참조 메일 보내

주십시오."

"그렇게 하겠습니다. 당연히 그렇게 해야겠죠."

"감사합니다."

그렇다면 당신은 언제 물러서야 하는 것인가? 위에서 언급한 이메일 내용 (시간이 지나치게 많이 남아도는 것 같은 인상을 주는 이메일 내용)과 이메일에 대한 회신을 하지 않는 것, 즉 당신이 지겨워하고 있으며 흥미를 끌만한 내용도 아니라는 인상을 주는 무응답 사이에는 어떤 미묘한 차이가 있는가?

그런 딜레마에 대처할 수 있는 세 가지의 즉석 힌트를 제시하면 다음과 같다. 첫째, 메시지가 긍정적이라면 모든 것이 원만하게 진행되고 있다고 생각해도 좋다. 메시지의 내용이 부정적이라면 회신을 작성하는데 약간의 시간을 투자하여 상대방의 공격을 사전에 방지하라. 둘째, 회신 메시지의 길이를 줄여라. 간략한 단어 혹은 문장으로 대응하는 것은 "이만 줄이겠습니다. 더 이상 회신하지 않겠습니다."라는 의미를 함축하는 것이다. 셋째, 행동을 반복하라. 당신 혹은 상대방의 행동 말이다. 그것은 둘 중 한 쪽은 '당장 행동으로 옮기고' 더 이상 이메일에 소비할 시간이 없다는 의미를 내포하는 것이다.

이메일 내용에 결코 포함되지 말아야 할 것들

누구든 좋다. 열 사람을 골라 이메일 때문에 직장을 잃거나 법정 소송으로 이어진 경험이 있는 회사를 본 적이 있는지 질문해 보라. 그런 이야기들은 대개 불행한 결말로 끝난다. 다음과 같은 내용은 이메일에 절대 포함되어서는 안 될 내용이다.

1. 최고 경영진에 관한 부정적인 의견. ('삭제'되었더라도 항상 복원될 수 있다. 그런 의견은 흔히 여러 사람에게로 퍼지게 마련이다. 현재 진행 중에 있는 무용담에 네 번 정도 회신이 왔다 갔다 하고 나면 누군가가 밑 부분으로 밀려 내려가 묻혀 버린 강신이 남겼던 비꼬는 말투는 아랑곳하지 않고 다른 종류의 질문에 대답하면서 또 다른 동료에게로 우연히 전달하게 되는 것이다.)

2. 동료나 직원들의 업무 성과 평가에 대한 비평. (서면으로 작성된 의견은 직원들을 곰곰이 생각하게 만든다. 말로 전해지는 것보다 훨씬 공식적인 것처럼 보이기 때문이다.)

3. 보너스 혹은 연봉 문제. (긍정적인 계획이 현실화되지 못했다면 그리고 그것을 글로 작성하는 것은 그들이 당연히 받을 만했다는 것을 '입증'하는 것처럼 보이기 때문이다.)

4. 인종 혹은 성 차별적인 비방. (분명 금세기에는 일어나지 말아야 할 일이다.)

5. 제품 혹은 서비스에 대한 책임. (상대방이 당신은 문제점에 대해 이미 알고 있었지만 경고를 무시했다는 증거로 당신의 이메일을 들어 법원 소환장을 보내 올 지도 모를 일이다.)

6. 경쟁자의 비성실성. (법정에서 보자는 뜻과 다르지 않다.)

7. 동료에 대한 가십. (세상에서 가장 무해한 '소식'이라 할지라도 다른 사람에게는 그릇된 방향으로 일격을 가할 수 있다. 그들이 알려지길 원한다면 스스로 알리고 다닐 것이다.)

8. 조잡한 글쓰기. (명확한 글을 명확한 사고방식을 반영하며 그 반대 또한 진실이다. 당신의 이미지는 단 한 건의 공식적인 메일보다 일상적으로 발송되는 비공식적인 이메일에 달려 있을 수도 있다.)

9. 유머, 특히 비웃음이나 놀림조의 유머. (적절한 억양과 미소, 뒤통수 후려갈기기의 요구에 잘 응하는 것은 빈번하게 완전한 실패로 끝난다.)

10. 신문의 일면 기사로 나갔을 때 부끄러울 만한 당신의 사생활에 관한 것. (당신의 애정 행각이나 주말 모험 여행, 당신의 정치적 견해 등 그 어떤 개인적인 것도 이메일 내용으로는 금물이다.)

맞춤법과 문법에 주의하라

당신의 이메일 받은 편지함을 다음과 같은 내용의 메일로 공격하는 사람은 이빨 빠진 호랑이와 같은 측은한 운명으로 생각해도 좋다.

몇몇 직원들이 그것을 금지하는 규정이 있는데도 불구하고 방문자 주차장에 차를 세우고 있는 것을 발견했습니다. 길 건너편에 직원 주차장이 충분히 준비되어 있고 주차 규정을 어길 시에는 어떤 변명도 어떤 특혜도 없다는 것을 밝힙니다. 우리는 최근 직원회의에서 분명하게 이 사규에 대해 공지를 했고 불법 주차에 대해서는 보안 담당자가 딱지를 발부하도록 할 것입니다. 고려해 주어서 감사합니다.

권력, 힘, 권위, 힘을 가진 사람은 누구인가? 분명 이 메일을 발송한 매니저는 아닐 것이다. 이런 실수투성이의 메일을 발송한 사람은 리더라기보다는 조롱거리가 되고 말 것이다.

틀린 구두법과 형편없는 문법은 당신을 법정에 세울 수도 있고, 막대한 돈을 지출하게 만들 수도 있고 심지어 당신의 문장이 의미하는 바를 변형시킬 수도 있다. 예를 들어. "~일지도 모른다"라는 단어와 "~할 예정이다"라는 단어의 사용은 미국의 2000년 대선 당시 토론의 주제가 되기도 했었다. 플로리다 주의 선거법 조항에 사용된 단어의 선택은 비일관적이며 비문법적인 사용인가 아니면 엄연히 서로 다른 의미를 전달하기 위한 정확하고 의도된 단어의 선택인가? 조지 부시 후보와 알 고어Al Gore후보는 양쪽 모두 법정에 제시된 자신의 소송장에서 문법 토론을 활용했다.

명확하게 메시지를 작성하는 능력은 사소한 것이 아니다. 이와 유사한 올바른 문법에 관한 쟁점이 수백 달러가 좌지우지 되는 법정 소송 사건의 결과를 판가름하는 일은 미국 주식회사에서는 일상적인 것이다.

불행하게도 문법은 명확성을 결정짓는다. 그리고 업무의 반복이나 생산성, 즉 공급물자가 피츠버그Pittsburgh로 배달되느냐 아니면 피오리어Peoria로 배달되느냐를 결정짓는 요인이다.

경쟁력 있는 쓰기와 말하기를 수행하는 사람들은 주목을 끈다. 그들은 승진도 빨리하고 리더로서 존경받는다.

왜 그럴까? 당신의 쓰기 실력과 프레젠테이션 실력이 당신의 사고방식을 반영하기 때문이다. 당신이 아이디어를 얼마나 잘 정돈하는가? 당신은 사소한 것들로부터 상당히 중요한 무언가를 분리해 낼 수 있는 능력이 있는가? 당신은 얼마나 신속하게 스스로 판단할 수 있는가? 당신은 설명을 제공하고 쟁점이나 관심사 혹은 질문에 대한 대응을 얼마나 명확하고 정확하게 수행할 수 있는가? 당신이 직장에서 하는 일의 일부는 다른 사람의 레이더 스크린에 포착되지 않을 수도 있다. 그러나 이 세상은 매일 같이 당신에 대해 판단할 것이다. 당신의 말과 글을 근거로 말이다.

커뮤니케이션의 선순환 전략

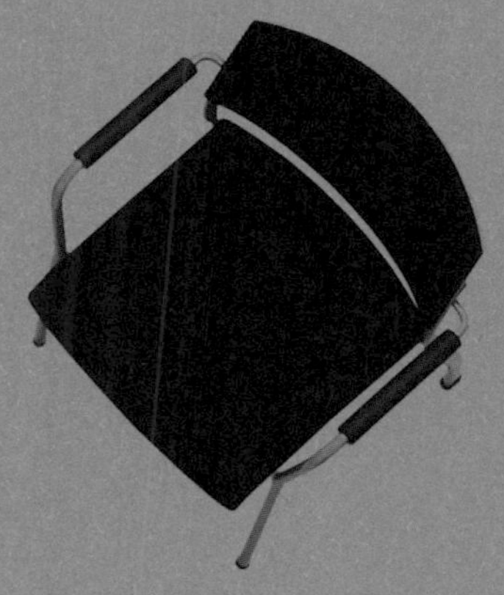

진정한 대화란 상대방의 관찰력을 기반으로 그 위에 쌓여가는
것이지 상대방의 견해를 뒤집어엎는 것은 아니다.
– 나사렛의 목사

아이들은 부모를 서로 대립하게 만드는 법을 일찍 터득한다. "하지만 엄마, 난 왜 파티에 가면 안 되는 거죠? 아빠가 가도 좋다고 허락했단 말이에요." 이와 같이 가족 간에 일어날 수 있는 이런 곤혹스러운 커뮤니케이션이 직장에서 이루어질 때는 엄청난 피해가 발생할 수 있다.

우리 회사의 지사장은 401(k) 펀드를 위해 종업원 퇴직 소득 보장 증권을 갱신할 필요가 있었다. 그래서 뮤추얼 펀드 회사와 함께 회사의 401(k) 펀드를 투자하기 위해 계좌를 개설했던 중계 업자에게 전화를 걸어 자금 운용 담당자를 찾았다. 중계 업자는 계좌를 개설하기만 했을 뿐 더 이상 우리 회사 펀드와 아무런 연관이 없다고 말했다. 그리고는 뮤추얼 펀드 회사로 직접 연락해볼 것을 권했다. 지사장은 뮤추얼 펀드 회사로 연락했고 거기서 자신들은 단지 자금을 투자하는 일만 할 뿐이라고 말하며 401(k) 펀드사, 즉 '관리자 회사'로 연락해 볼 것을 권했다. 지사장은 또 관리자 회사로 전화를 걸었다. 관리자 회사는 종업원 퇴직 소득 보장 증권에 관해서는 법적으로 반드시 가지고 있어야 한다는 사실 외에 아는 바가 없다고 말했다. 그리고는 자신들의 모기업, 즉 중계

업자 (맨 처음 전화를 걸었던 그 회사)에게 연락해 보라고 했다. 결국 원점으로 되돌아온 것이다.

조직 내에서 교차 기능적 커뮤니케이션의 부재는 그로 인해 야기되는 결과가 외부로 드러나게 마련이다. 고객이나 공급 업자에게 그리고 전략적 파트너들에게 말이다. 또한 조직 내의 사람들을 참을 수 없게 만들고 심할 경우 파산시키기도 한다. 많은 회사에서 사람들 간의 대화가 없다는 이유로 직원을 잃고 있다. 거기서 끝이다. 지극히 단순하면서 동시에 지극히 복잡한 문제다.

그렇다면 순환 커뮤니케이션이란 무엇인가? 그것은 바로 전 방위적인 커뮤니케이션을 말한다. 이는 수직 구조의 맨 위로 전달되는 커뮤니케이션이자 수직 구조의 맨 아래로 전달되는 커뮤니케이션이다. 부서와 부서 간에 수평으로 이루어지는 커뮤니케이션이며 낮 근무 조에서부터 밤 근무 조로 이어지는 커뮤니케이션이다. 보스의 피드백이 일반 사원에게 전달되고 동일한 커뮤니케이션이 반대 방향으로도 이루어지는 것을 말한다. 또한 고객과의 대화, 고객으로부터의 피드백 그리고 고객에서 고객으로 전달되는 커뮤니케이션을 의미한다.

대부분의 경우 그런 커뮤니케이션은 그냥 이루어지지 않는다. 적어도 반복적으로 이루어지는 것은 아니다.

나는 20년 전에 있었던 악몽과도 같았던 사건을 아직도 기억하고 있다. 실제로 나는 당시 너무나 당황스러웠고 그 경험을 『휴스턴 크로니클』 지의 기명 논평 페이지에 글로 실었다. (그 일부를 아래에 발췌해 두었다.) 당시는 오일 부족 사태가 절정기에 이르고 인플레이션은 점점 높아만 가고 주택 담보 대출의 금리가 18퍼센트에 육박했을 시기였다. 나의 논평 기사는 조직이 재정적 손실을 보고 고객을 잃는 이유에 대해 설명하고 있었다. 과거 20년 전에 그랬던 것처럼 오늘날에도 너무나 맞아떨어지는 내용이다.

…… 우리는 꿈에 그리던 집을 장만하고 가구 카탈로그를 집어 들었다. 주문 제작된 창문 덮개가 X백화점으로부터 배달되었다. 안방에 달기 위해 짜 맞추기까지 했던 목제 창문 덮개의 길이는 2인치가 짧고 폭도 2인치 좁다. 누군가 치수를 정확하게 측정하지 않았거나 정확하게 기록하지 않은 것이다. 백화점에서는 이런 변명을 늘어놓았다. "창문틀의 아래쪽 끝까지 내려와야 한다는 사실에 대해 제대로 커뮤니케이션이 이루어지지 않은 것 같습니다." 우리는 제품을 공장으로 돌려보내고 다시 주문해야 했다.

설치하는 사람들이 두 번째 배달되어온 창문 덮개를 설치하는 동안 나는 콧노래를 부르며 기다리고 있었다. 완전한 사생활이 보장되는 침실을 그리면서 말이다. 하지만 설치 작업자가 고개를 가로 저으며 나에게 다가오더니 이렇게 말했다. "두 번 잡아당길 수 있도록 주문 제작하신 것 아니었나요? 공장에서 또 실수를 한 것 같습니다. 아니면 누군가 주문 내용을 또 잘못 받아 적었을 수도 있습니다. 이번에도 다시 돌려보내야 할 것 같군요."

세 번째로 배달되어 왔을 때는 확인하기도 두려웠다. 설치 작업자가 이렇게 말했다. "믿기지 않겠지만 이번에도 똑같은 실수를 저지른 것 같군요. 지난번에 공장으로 돌려보냈던 것과 똑같은 물건이에요."

우리는 이런 박해를 당하기 위해 선발된 사람들이 아닐까하는 생각까지 하게 되었다. 이사 후 2주일이 지났을 때 '친애하는 입주자님께'로 시작하는 안내장 우편물이 점차 줄어들었을 때 이전 주소지에서 수거해 온 우편물은 대략 8인치 정도의 두께로 쌓인 1종 우편물 한 묶음이었다.

물론 수많은 안내원이 대응했었다. 우체국에는 여전히 주소변경 고지가 파일에 올라가 있었다. 하지만 대개의 경우 집배원들은 우편물 배달을 위해 외근을 하기 때문에 우편물을 새 주소지로 배달해야 한다는 것을 집배원에게 알려 준 사람이 아무도 없었다는 결론이 나온다. 우체국의 관리자는 "자기가 직접 이 일을 해결하겠노라" 약속을 했었다. 그로부터 넉 달, 수많은 전화 통화가 있은 이후에 남편은 아예 우편물이 옛날 주소지로 배달되는 것을 막기 위해 아예 우편함을 치워 줄 것을 호소했었다.

그런 '서비스의 장애'가 발생할 것을 예측했기 때문에 우리는 일찌감치 전화 설치를 계획했었다. 이사하는 날로부터 한 달이나 이전에 전화 회사에 연락해 이전을 요청했던 것이다.

4주 후, 우리가 실제로 새 집에 이사를 들어가기도 전에 전화 설치 업자가 아직 예전 집에 있던 나에게 연락을 했다. 내가 어디에 있는지 물어보기 위해서였다. 그는 우리가 이사 들어갈 새 집에 와 있었고 전화 연결을 하려고 하는데 집에 사람이 없다는 것이었다. 나는 주택 담보 대출 회사 X의 실수로 전화 이전 설치 일정이 변경되었다고 말하고 일정 변경을 처리했던 직원의 이름과 날짜, 조정된 일정을 말해 주었다. 하지만 설치 업자는 그런 정보를 들은 적도 없고 '누군가' 실수로 '변경된 일정'을 자신에게 전달해 주지 않은 것이라고 주장했다. 우리는 전화 이선 설치 일정을 일주일 후로 다시 조정했다.

나는 춥고 텅 빈 새 집에서 전화 설치 업자를 기다렸다. 오전 8시부터 오후 5시까지 말이다. 그는 오후 4시 55분에야 나타났다.

이제 전화선도 연결 되었다. 나는 시내에 있는 도서관에 전화를 하려 했지만 할 수 없었다. 그들은 내가 주문했던 메트로 서비스 대신 제한적으로 전화를 연결해 주는 교외 지역 라인을 설치했던 것이다. 물론 그는 사과했다. "죄송합니다. 주문을 받을 대 누군가 실수를 한 것 같습니다."

이틀 후에 날아온 전화요금 청구서는 한 달 치 요금을 청구하고 있었다. 전화선이 연결된 지 겨우 46시간 밖에 지나지 않았으니 나는 당연히 불만을 제기하기 위해 전화를 걸었다. 보조원은 이렇게 말했다. "걱정하지 마세요." 자신이 청구 금액을 수정하여 제대로 된 청구서를 다시 보내주겠다고 말했다.

그러던 중에 전화 서비스 중지 알림장이 배달되었다. 나는 다시 전화를 걸어 제대로 고쳐진 청구서를 아직 받지 못했다고 말해야 했다. 안내원은 이렇게 말했다. "그러면 서비스 중지를 이행하지 말라는 주의 사항을 달아 놓겠습니다. 걱정하지 마십시오." 하지만 난 이미 걱정스러워하고 있었다.

이틀 후, 전화가 다시 먹통이 되었다. 우리 집의 전화선이 다른 전화선과 꼬여 버린 것이다. 그렇게 77일이 지난 뒤에야 겨우 제대로 된 전화 서비스를 사용할 수 있었다.

일주일 후, 고객 관계 담당자가 전화를 걸어왔다. "최근 여러 가지의 주문 사항이 어떻게 처리되었는가?"에 관한 설문 조사를 하기 위해서였다. 나는 각각의 경우에 있었던 대화의 내용과 이름과 날짜 등을 알려주었고 항상 따라오던 실수들에 대해서도 이야기했다. 그 담당자는 큰 소리로 떠벌리면서 이렇게 말했다. "이런 문제점을 찾아내는 것이 저의 일입니다. 이 내용을 관리자에게 곧바로 보고 하겠습니다. 저의 상관인 관리자가 즉시 연락을 드릴 것입니다."

그리고 고객 관계 담당 부서에서는 그 누구로부터도 아무런 연락도 없었다.

사실상 이와 똑같은 커뮤니케이션 행태가 우리 지역의 조그만 은행이 전국 규모의 큰 은행과 합병되면서 모든 은행 고객들에게 서류 작업이나 새로운 개인 인식 번호, 비밀번호 등을 부여하기 시작하고 실제로는 그런 노력들을 시스템 변경 기간에 맞추어 세밀하게 조정하지 못했을 때에도 그대로 재현되었다. 몇 달 동안 사람들은 이전에 전달된 내용은 무시해 달라는 서신이나 전화에 뒤이어 배달되는 "당신의 새로운……"으로 시작되는 서류를 받아 보아야 했다. 그 다음 주에는 또 다른 잘못되고 조율되지 못한 전혀 새로운 커뮤니케이션이 반복되었다.

거대한 내부 커뮤니케이션의 몰락은 직원은 물론 고객들에게도 혼란을 초래한다. 거의 1년에 가까운 시간 동안 말이다.

이 모든 것이 너무나 익숙한 이야기가 아닌가? 형편없는 서비스는 X부서와 Y부서가 서로 대화를 하지 않기 때문에, 제대로 들으려 하지 않는 사람들 때문에, 고객에게 한 말을 끝까지 지키는 않는 사람들 때문에 야기되고 관심도 없는 회사에다 일방적으로 이야기 하는 것이다. 그리고 약속을 했지만 실행하지 않는 웹사이트를 방문하는 것에서 비롯된다.

향후 몇 년 동안 지속적으로 존재하길 원하는 기업이라면 이런 형태의 커뮤니케이션을 즉시 중단해야만 한다. 아니면 내가 이런 커뮤니케이션을 중단하라고 말하는 것을 그만 두어야 하는 것인가.

정작 문제는 문제에 있는 것이 아니다

이사를 하면서 내가 겪은 것과 같이 대부분의 경우 정작 문제는 문제에 있는 것이 아니다. 기술에 있는 것도 아니다. 문제는 문제에 관한 '커뮤니케이션'에 있는 것이다. 커뮤니케이션의 부재, 즉 잘못된 혹은 잘못 처리된 커뮤니케이션과 문제 자체보다는 더 많은 문제의 원인이 되는 문제가 문제인 것이다.

우리 집 이사의 대실패 사례에서 다음과 같은 구체적이고 개별적인 커뮤니케이션 재해에 대해 생각해 보도록 하자. 창문 덮개 설치 작업자는 주문 제품의 번호와 사양에 대해 공장 측과 제대로 커뮤니케이션을 수행하지 못했다. 우편물을 배달하는 집배원과 관리자는 우편물 배달 주소의 변경 사항에 대해 커뮤니케이션하지 않았다. 전화국에서는 부서 간에 전화선 설치 서비스와 고객이 주문한 내용에 대해 커뮤니케이션과 협력이 이루어지지 않았다. 고객 관계 담당 부서에서는 약속한 사후 조치에 대한 커뮤니케이션을 수행하지 않았다. 이 모든 것이 내부 커뮤니케이션의 부재다.

순환 커뮤니케이션은 계획과 인내심, 지속성을 필요로 한다. 그런 것들이 부족할 때 고통 받는 것은 조직의 수익률과 사람들이다.

우리는 우리가 무엇을 모르고 있는지 모른다

미국의 중앙 정보국CIA과 연방 수사국FBI 그리고 백악관은 최근 서로 간에 정보를 공유하는 일에 실패한 것으로 엄청난 조롱거리가 되고 말았다. 하지만 우리 모두는 서로에게 손가락질 하는 위선자들일 지도 모른다. '지하 격납고에서 일하는 것'이라는 용어는 정보를 매점하는 것, 강제적인 격리 또는 다른 사람과의 접속을 거부하는 자발적인 의사 결정 등을 표현하는 일상 회화가 되었다.

의미 있는 내부 커뮤니케이션은 이메일의 받는 편지함을 꽉 막히게 만드는 것이 아니라 진정한 정보의 공유를 포함한다. 너무나 자주 우리는 불필요한 정보를 순환시키고 중요한 정보는 매점하고 있다. 모든 사람들이 양과 중요성의 차이를 이해하는 것은 아니다.

그리고 나쁜 소식을 듣고 싶어 하는 사람은 없다. 실제로 시로타 설문 조사 연구소Sirota Survey Intelligence에서 진행했던 설문 조사의 결과에 의하면 직원의 3분의 1인 35퍼센트가 자신이 속한 회사가 중요한 정보를 위쪽으로 보고하는 것을 권장하지 않고 있다고 믿는 것으로 나타났다. 비록 그것이 나쁜 소식일지라도 같이다. 영국 수상 처칠과 독일의 독재자 히틀러가 보여준 소식을 식별하는 능력의 차이점을 생각해 보라.

1941년 윈스턴 처칠은 중앙 통계청을 너각의 일부로 설립했다. 중앙 통계청은 정부 기관의 토론에 사용될 목적으로 이의 제기 없이 보고되고 수용될 수 있는 일관성 있는 통계 정보를 정기적으로 수집한다는 공식적인 목표를 가지고 있었다. 측근에 의하면 처칠은 주변 사람들이 사실을 조작하여 있는 그대로의 진실을 제공하지 않을까봐 걱정했었다고 한다. 나쁜 소식까지도 포함해서 말이다.

반면 히틀러는 인간의 본성에 대해 그리 예민하지 못했다. 그는 자신이 믿지 못하는 장군들, 자신을 믿지 못하는 장군들에게 둘러 싸여 있었다. 『디데이』의 작가이자 역사학자인 스테판 앰브로스Stephen E. Ambrose는 그의 저서에서 이렇게 말하고 있다. "히틀러에 대한 수하 장군들의 불신은 연합군에게는 왕의 몸값과도 같은 것이었다."

연합군의 군대가 디데이에 상륙을 감행했을 때 히틀러의 장군들은 병력을 움직일 수 있는 명령을 하달 받기 위해 잠들어 있던 그를 감히 깨우지 못했다. 야전 사령관 룬트슈테트Rundstedt는 공수 부대의 상륙이 몇몇 부하들의 주장처럼 단순한 눈속임용 비행이라고 하기에는 그 규모가 엄청난 것이라는 결론을 내렸다. 그는 병력을 해변에 배치해 공격에 대비하고자 했다. 앰브로스는 이렇게 쓰고 있다. "룬트슈테트의 추론은 탄탄한 것이었고 그의 행동은 단호했으며 그의 명령은 명확했다. 하지만 기갑 사단은 그의 휘하에 있는 병력이 아니었다. 그들은 국방군 최고 사령부Oberdommando der Wehrmacht, OKW 소속의 군대였다. 귀중한 시간을 아끼기 위해 룬트슈테트 사령관은 기갑 사단에 출전 명령부터 내리고 최고 사령부에 승인을 요청했다. 하지만 최고 사령부는 승인을 거절했다. 오전 7시 30분, 최고 사령부의 운영 대장 알프레드 죠들Alfred Jodl은 두 개 부대 모두에게 히틀러의 명령이 있기 전까지는 병력을 움직일 수 없다고 통보했다. 그때까지 히틀러는 여전히 꿈속을 헤매고 있었다. 룬트슈테트는 출격 명령을 취소할 수밖에 없었고 히틀러는 정오가 될 때까지 잠에 빠져 있었다."

승인한 지 몇 시간 후에, 이미 독일군이 귀중한 시간을 잃어버리고 난 이후에 히틀러는 헝가리의 수상과 불가리아, 루마니아, 헝가리 등의 나라에서 방문한 국빈을 응접하는 자리에서 독일의 전쟁 경비 조달을 위해 더 많은 지원을 요청하고 있었다.

그 회의가 끝난 후에도 히틀러는 여전히 나쁜 소식을 전달하는 일에 근접하지 못하고 있었다. 그는 프랑스의 지도를 펼쳐 놓고 나치의 홍보 장관이었던 괴링Goering에게 이렇게 말하고 있었다. "적군은 이곳에 또 이곳에 상륙했어. 정확히 우리가 예상했던 대로야!" 수상은 연합군이 새벽 4시에 상륙했다는 것을 알고 있었지만 히틀러의 터무니없고 뻔뻔스러운 거짓말을 바로잡기 위한 발언을 감히 시도하지 못했다.

"우리가 모르는 사실은 해가 되지 않는다."라는 옛 속담은 이쯤에서 그만 두기로 하자.

신문에서는 매주 유망한 대기업을 떠나 소규모의 신생 기업으로 옮겨 앉는 고위경영자들의 이야기를 다루고 있다. 자신의 가치와 철학에 대한 커뮤니케이션으로 조직의 문화를 새롭게 형성해 갈 수 있는 작은 조직을 선택하는 경영자들의 이야기 말이다. 직원들도 그와 똑같은 이유로 직장을 옮긴다. 아이디어를 개방적으로 교환할 수 있고 자신의 의견을 표현하며 또 그것이 적절히 전달될 수 있는 환경을 찾아서 새로운 조직에 몸담게 된다는 말이다.

우리는 우리가 모르는 것에 대해서는 알지 못한다. 하지만 진정한 리더는 커뮤니케이션 문화를 만들어 가는 과정에서 다른 사람의 의견을 듣기를 원한다. 그들은 대화를 시작하거나 혹은 대화에 참여하길 원하는 것이다.

주변이 아닌 맨 앞에서 리드하라

주변에서 리드한다는 것은 사람들에게 어떤 일을 하도록 지시하고 그들이 일을 하는지 주변에서 지켜보는 것을 의미한다. 맨 앞에서 리드한다는 것은 그 상황에 관련된 사람들과 함께 처리되어야 할 일이 무엇인지에 대한 의사 결정을 내리는 것을 말한다. 주변에서 리드하는 것은 사람들이 어떤 일이 있었는지에 대해 이야기해 주는 것을 듣고 거기에 반응하는 것이다. 맨 앞에서 리드하는 것은 상황에 대한 통제권을 가지는 것이다.

주변에서 리드하는 것은 이미 벌어진 사실을 두고 무엇이 잘못되었는지 지적하는 일이다. 맨 앞에서 리드하는 것은 어떻게 하면 처음부터 제대로 할 수 있는지에 대해 커뮤니케이션을 수행하는 일이다.

실제 상황에서 맨 앞에서 리드할 때는 '어떤 일이 한창 진행되고 있을 때' 당신의 팀과 온전히 함께 해야만 한다. 사람들이 하는 말을 들어야 하고 질문도 해야 한다. 일상적인 잡담도 해야 한다. 그들의 관심사가 무엇인지를 알아야 한다. 그들의 '입장'을 상황에 반영해야 하고 상황이 진전됨에 따라 그들의 의견도 수렴해야 한다. 당신의 의사결정으로 인해 야기되는 장점과 단점에 대해 커뮤니케이션해야 하고 그 과정에서 계획을 실행에 옮겨야 한다.

> ▶ 제대로 하는 것보다 비평하는 것이 훨씬 쉬운 일이다.
> – 벤자민 디스라엘리

다른 사람이 대신 말하도록 하라

언제나 집중 조명을 받으며 모든 공식 발표를 도맡아 하고 모든 회의를 주관하고 모든 소식을 전달해 주는 사람이 되는 것보다 다른 사람, 즉 당신의 직원이나 당신의 비서, 당신의 팀 리더가 정보를 전달하도록 만들어 주어라. 다른 사람에게 미리 간단한 설명을 제공해 주고 그들이 정보를 전달하도록 만드는 것은 자신이 중요한 사람이라고 느끼도록 만들고 프로세스의 일부라고 생각하도록 만든다. 어차피 일상적인 질문에 대한 답을 제공할 사람들도 그들이다. 그러니 그들을 주변에 버려두기보다는 활발한 정보 처리의 일부분으로 만들어 주는 것이 낫다.

아이디어를 상사에게 전달하라

일선의 업무 담당자들은 전형적으로 '내가 왜 이런 말을' 증후군에 시달린다. 만약 그것이 돈을 벌 수 있는 혹은 돈을 절약할 수 있는 아이디어라면 '내가 생각한 것이면 윗사람들도 이미 생각했을 것이다.'라고 생각을 굳혀 버린다. 결과적으로 아이디어를 윗사람에게 전달하는 사람은 아무도 없는 것이다.

만약 그것이 나쁜 소식이라면 '드러내지 않고 숨기면 저절로 사라질 것이다.'라고 생각하게 된다. 그 결과는 너무 늦을 때까지 혹은 그렇게 지연되었기 때문에 문제가 훨씬 악화되기 전까지 아무도 잘못을 바로잡지 않는 것이다.

만약 일선 업무 담당자들이 불만을 가지고 있다면 '윗사람들은 분명히 이미 알고 있지만 관심이 없을 뿐이다.'라고 생각해 버린다. 결국 업무 담당자가 그 자리에 머물면서 문제를 만들거나 아니면 그 자리를 떠나면서 거대한 업무 공백을 남기는 결과로 이어진다.

훌륭한 아이디어가 스스로 조직의 윗부분까지 전달되는 일이 거의 없다는 사실은 분명하게 관찰된다. 리더는 시스템과 사람을 개방적인 문화에 놓아둔다. 아이디어가 스스로 표면으로 부상할 수 있는 개방적인 문화 말이다. 직속 상사와의 관계 관리란 당신이 기여하는 가치의 일부로서 새로운 아이디어를 직속 상사에게 전달하는 것을 의미한다.

누구에게 알려야 하는가?

주문을 취소하는 고객, 납품 일자를 바꿔버리는 공급 업자, 자신의 업무 한계를 바꿔 버리는 동업자, 청구 금액을 잘못 계산하는 경리부서, 선적 과정에서 손상되는 제품. 충분히 일어날 수 있는 '그런 일'이다. 그리고 '그런 일'들이 발생하면 전형적으로 다른 누군가의 서류 작업에 영향을 미치고 누군가의 마감 시한, 누군가의 배달 시간, 누군가의 일정, 비용, 예산, 우선순위, 업무 배정 혹은 직원 조달에 영향을 미친다.

"누구에게 알려야 하는가?"라는 질문을 좌우명으로 만들어라. 그리고 어떤 변화가 발생했을 때 알아야 할 사람에게 즉시 전달해 주는 습관을 기르도록 하라.

당신의 견해를 대중화시켜라

당신에게 자녀가 있다면 한 번 말해서 모든 것이 해결되지 않는다는 것이 어떤 것인지 이해할 수 있을 것이다. 반복하고, 반복하고 또 반복하라. 당신이 전달하고자 하는 메시지를 기억에 남을 수 있는 표어로 요약하라. 좋아하는 영화나 책 제목을 기억하는 것처럼 쉽게 기억할 수 있도록 말이다.

또한 미디어를 최대한 활용하라. 텔레티전 회의나 인터넷 방송, 인쇄 매체, 보도 자료, 인트라넷 공지, 홈페이지, 음성 사서함에 남기는 폭언, 블로그, 카페테리아의 광고, 로비에 있는 폐쇄회로 텔레비전, 주차장에 있는 표지판 등등 어떤 것이든 좋다. 당신의 메시지를 전달하기만 하면 된다. 물론, 사람들이 그것에 관해 이야기하고 블로깅하고 화를 내는 과정에서 당신은 조직 내에서 일어나고 있는 일에 대해 찬성과 반대, 양쪽 모두의 의견을 듣기를 기대하게 될 것이다. 아주 좋은 생각이다.

반대의 목소리가 있음에도 불구하고, 마이크로소프트는 자신들의 메시지를 전달하기 위해 사용한 방법 중 블로그가 최고의 방법이라고 주장하고 있다. 마이크로소프트의 전 '플랫폼 전도 이사'로 있었던 랜 프라이어Lenn Pryor는 자신이 초창기에 가지고 있었던 비행기 탑승에 대한 비이성적인 두려움에 관한 이야기를 들려주고 있다. 유나이티드 항공의 한 조종사는 비행기에 탑승했을 때 기내 방송을 9번 채널에 맞추라고 말해 주었다. 실제로 조종사들이 공중에 떠 있는 비행기에서 주고받는 공개적인 대화를 들은 후에야 그는 자신의 두려움을 떨쳐버릴 수 있었다. 그는 마이크로소프트에도 나름의 9번 채널이 필요하다고 결정했다. 단도직입적인 대화가 가능한 통로 말이다. 그때가 바로 그가 유명한 블로거 로버트 스코블을 고용한 때다. 로버트 스코블은 마이크로소프트의 성공과 실패에 대한 이야기를 온 세상이 읽을 수 있도록 온라인에서 정직하게 말할 수 있는 사람이었다. 프라이어에 의하면 스코블과 다른 사람들이 운영한 블로그가 마이크로소프트에 대한 여론을 부정적인 것에서 긍정적인 것으로 바꾸어 놓았다는 것이다.

그렇다면 그런 통제 불능의 블로그가 가지는 단점은 무엇일까? 부정적인 의견이 고객들에게 전달될 수도 있다. 사람들은 가끔 누군가의 무능력을 꼴 보기 싫은 것으로 치부한다. 극단적으로 치달을 때는 해고되기도 한다. 경쟁자들이 비밀을 알아챌 수도 있다. 책임소재가 법적 논쟁이 되기도 한다.

하지만 당신이 전달하고자 하는 메시지를 전 방위적으로 대중화시키는 것에 따르는 장점은 그런 모든 단점을 뛰어 넘는 것이다. 사람들은 모든 방면에서 비공식적인 관계를 형성한다. 생산성이 향상되고 업무 처리에 효율성이 생긴다. 때로는 정상적인 경로 이외의 방법으로 말이다. 당신의 조직 내에 있는 내부 영웅은 고객들로부터 훌륭한 평판을 얻게 되고 장기적인 신뢰를 획득하게 된다. 무엇보다 중요한 것은 직원들이 진정으로 몰입하게 된다는 점이다.

정부를 향한 모든 불평불만에도 불구하고 이 정책에는 분명 칭찬 받을 부분이 있다. 데이비드 프리드먼David Freedman이 자신이 기사를 기고하고 있는 『아이엔씨』의 '왓츠 넥스트What's Next' 칼럼 기사를 통해 강조한 점이다. 연방 항공국Federal Aviation Administration：FAA에서는 신속하게 자신의 실수를 보고하는 조종사들에게 보상을 지급한다. 자신의 실수를 스스로 보고하면 징계를 면제해 주는 것에 동의한 것이다. 대부분의 조종사들은 비행 가방에 자발적 보고서 양식을 가지고 다닌다. '만약의 경우'를 대비해서 갈이다. (조종사들이 자신의 실수를 보고하지 않을 수 있는 기회는 매 5년마다 한 번씩 밖에 허용되지 않는다. 범죄와 비행기 추락 사고는 또 다른 문제다.)

어째서 이런 정책이 필요한 것인가? 연방 항공국은 조종사들이 다른 조종사들의 실수를 통해 교훈을 배우고 그로 인해 사고율이 떨어지길 바라기 때문이다. 관제사들이나 정비사, 객실 승무원들로부터의 자발적 보고서가 매달 3,000건에 육박할 정도로 쏟아져 들어왔다. 이런 보고서들과 '실수로부터 얻는 교훈'들 중에서 선별하여 뉴스레터가 발행된다. 15만 명의 조종사와 그 외 항공 인력들이 읽어야 하는 뉴스레터로 말이다.

프리드먼은 그런 목적으로 내부 블로그와 데이터베이스를 활용할 정도로 대담한 몇몇 조직을 예로 들었다. 메이요 클리닉Mayo Clinic에서는 의료진이 자신의 실수나 자신이 목격한 기타 문제점들을 기록하도록 하여 병원 측이 문제를 분석하고 해결책을 찾는데 활용하고 있다. 미국

에너지 관리국에서는 모든 하청업체들에게 실수와 '실수로 얻은 교훈'의 데이터베이스를 구축하고 그것을 모든 직원과 다른 하도급업체들이 공유하게 하도록 압력을 가하고 있다.

당신의 조직에서는 자발적인 보고 행위가 일반적인 관례인가? 아마 그렇지 않을 것이다. 당신은 직원들이 서로의 실수를 통해 교훈을 얻는 안전한 직장을 만드는 것의 가치를 상상할 수 있는가?

물론 당신의 긍정적 메시지를 대중화해야 할 것이다. 하지만 그와 동시에 모든 사람들이 대화에 참여할 수 있도록 동기를 부여하는 것도 필요하다. 그런 동기 부여가 조직의 개선으로 이어질 것이다.

피드백에 사로잡혀라

당신이 사랑하는 사람의 눈을 쳐다보면서 "사랑해."라고 속삭였다면 어떤 대답을 듣기를 기대하겠는가? 침묵? 그런 반응이 빈번하게 일어난다면 그 관계는 문제가 있는 것이다. 그럼에도 불구하고 부하직원이 상사에게 말을 할 때는 그런 거북스런 침묵의 '반응'이 일상적으로 발생한다. 1,727명의 직원이 응답한 한 설문조사에서는 단 47퍼센트만이 적어도 일주일에 한 번은 피드백을 받고 있는 것으로 나타났다.

캘리포니아에 있는 컨설팅 회사인 캔 블랜차드 컴퍼니에서 실시한 연구에 참여했던 1,400명의 리더와 관리자, 경영자 중 81퍼센트는 적절한 피드백이나 칭찬, 개인적 단점을 고쳐주는 일에 실패한 경험에 대해 언급하고 있다. 그럼에도 리더들의 43퍼센트가 성공을 위한 가장 중요한 기술로 커뮤니케이션 기술을 지적하고 있다.

우리가 기대하고 원하는 것은 우리가 주고받는 것과는 전혀 다른 별개의 것으로 보인다.

왜 그럴까? 연인의 이야기로 돌아가 보자. 당신의 연인이 몸을 가까이 기대고 "사랑해."라고 속삭인다면 "나도 사랑해."라고 반응하는 것이 어려운 일이 아니다. 하지만 당신의 연인이 "자기 입 냄새나."라고 말한다면 그에 대한 반응이 "나도 사랑해."가 될 일을 아마 없을 것이다.

다니엘 골만은 『감성지능』에서 미국의 고용주들에 대한 조사를 통해 고용주들이 피드백을 제공하지 않는 이유는 직원들이 비평을 견디지 못하기 때문이라고 밝히고 있다. 그들은 방어적인 태도를 취하거나 도발적인 반응을 보인다는 것이다. 그들은 업무에 관련된 피드백을 개인적인 공격으로 간주한다. 따라서 리더들이 침묵하게 되고 직원들은 자기 분야에서 성장할 수 있는 지혜를 얻지 못하는 것이다.

조직 내에서 지위가 높아질수록 정직한 피드백을 받는 일은 더욱 어려워진다. 그 대신 당신은 당신의 장점을 칭찬하는 것으로 이득을 보게 될 사람들 그리고 부정적인 의견을 말하면 모든 것을 잃게 될 까봐 두려위하는 사람들로 둘러싸이게 될 뿐이다.

이쯤에서 전달하고자 하는 메시지는 무엇일까? 만약 당신이 진정으로 피드백을 받길 원한다면 당면한 문제에 직접 부딪혀야 한다. 만약 다른 사람들이 피드백을 제공하는 일을 꺼린다면 정기적으로 핵심 질문을 골라서 물어보거나 주요 프로젝트를 완료한 이후에 피드백을 요청하는 방법으로 보다 편안한 분위기를 만들어 주도록 하라. "다음 해에 이 프로젝트가 더 큰 성공을 거둘 수 있으려면 어떻게 해야 한다고 생각합니까?", "다음번에 당신이 이 프로젝트를 맡는다면 어떤 것을 변화시키겠습니까?", "당신은 정보를 총합하는데 매우 뛰어납니다. 이 프로젝트의 결과에 대한 대다수의 의견은 어떤 것입니까?", "나는 항상 자기 개발에 관심을 가지고 있습니다. 향후 12개월 동안 나의 '개선할 필요가 있는 것' 목록에 어떤 기술 항목을 추가하고 싶습니까?"

조직 또한 내외부적 위치에 대한 평가를 수행해야 한다. 인터뷰나 설문조사, 핵심 그룹, 온라인 감사, 퇴사 인터뷰 등 모든 것들이 전체 그림의 구성 요소가 된다. 37만 378명의 직원을 대상으로 진행된 시로타 설문조사 연구소의 조사 결과는 고용주가 자신들을 존중하지 않는다고 생각하는 직원들은 2년 내에 퇴사할 가능성이 세 배나 더 높다는 것을 보여준다. 그렇다면 직원들은 어떤 것을 존중의 표현으로 간주하는가? 성과에 대한 인정, 자신의 아이디어나 제안을 요청하고, 들어주고 그리고 그에 따라 행동하는 것, 뒷일을 두려워하지 않고 아이디어를 완전히 표현할 것을 권장하는 것, 도움이 되는 피드백과 코칭을 제공하는 것 등이 그것이다.

그런 피드백 속에서 모은 정보를 가지고 당신의 개인적인 혹은 기업의 행동 계획을 만들어 보라.

마음을 끄는 대화를 양성하라

얼마나 자주 머릿속에서 대화를 돌이켜보는지 생각해 보라. 당신이 한 말 혹은 누군가에게 하려고 계획하고 있는 말을 얼마나 주주 돌이켜보는가 말이다. 대화를 학습의 도구로 간주하라. 대화는 지적이면서도 감성적인 진실을 가르쳐준다. 다시 말해, 순환 커뮤니케이션을 만드는 데 대화를 활용하라는 말이다.

사람들을 한 자리에 모아라. 도발적인 생각을 하게 만들어라. 프로세스를 향상시키고, 비용을 절감하고, 수익을 만들고, 새로운 시장을 발견하고, 혁신하기 위해 시시한 잡담을 시작하라. 창의력의 본질이 끊임없이 흘러갈 수 있도록 이야기를 나눌 수 있는 새로운 장소를 찾아라.

갈등은 억압하기보다 생산적으로 해결하라. 격식을 버리고 우수한 논쟁과 의견이 생산될 수 있도록 하되 힘의 균형을 유지하라. 이런 명언들이 앞으로 도움이 되어 줄 것이다. "새로운 제안에 대한 문을 열 수 있도록 사람들에게 손을 내밀어라.", "이 쟁점에 대해 우리가 가지고 있었던 맹점을 지적해준 테리와 카를로스에게 감사해야 할 것입니다. 이것으로 인해 앞으로 엄청난 시간을 낭비할 수도 있었는데 말입니다." 기본 원칙을 수립하여 사람들이 다양한 의견에 대해 간섭 받거나, 축소되거나 공격 받지 않고 건설적인 반응을 보일 수 있는 방법을 배우도록 하라.

무엇보다 중요한 것은 얄팍한 재치가 대화 전체를 중단시키는 신랄한 비판으로 만드는 것은 금물이다. 미래에 대한 비평가가 되거나 달래기는 하지만 현재 진행 중인 대화를 지지하는 일에는 실패자인 극단적인 낙천주의자가 되는 것은 피하도록 하라.

가치를 창조하라. 그리고 다른 사람을 생각하게 만드는 영향력을 발휘한 사람의 가치를 인정해 주어라.

회의를 잡담 시간이 아닌 업무 시간으로 이끌어라

유머 작가 로버트 오르벤Robert Orben은 이런 명언을 남겼다. "오늘날 미국이 안고 있는 가장 큰 문제점 두 가지는 빚지지 않고 살아가는 것 그리고 회의를 끝나게 만드는 것이다." 부허 컨설턴츠의 자체적인 설문 조사에 의하면 응답자 중 51퍼센트가 매주 평균 네 번 이상 회의에 참석한다고 대답했다. 그런 회의는 다섯 번 중 한 번꼴로 한 시간 이상 지속된다고 한다.

　그렇게 엄청난 시간을 투자하는 대가는 무엇인가? 그리 크지 않다. 설문 응답자 중 29퍼센트가 회의의 목적을 달성하는데 걸리는 시간은 투자된 시간의 절반도 되지 않았다고 대답했다.

　그렇다면 그런 잡담 시간을 생산적인 회의 시간으로 전환할 수 있는 방법은 무엇인가? 핵심 정보를 가지고 있는 사람을 반드시 회의에 참석시켜야 한다. 그렇게 하지 않으면 핵심에 대해 알지 못하는 사람들만 모여 앉아있는 꼴이 되고 만다. 영향력을 가진 핵심 인물은 누구인가? 회의에서 결정된 의결 사항에 대해 거부권을 행사할 수 있는 사람은 누구인가? 회의에서 결정된 사항이나 계획에 대해 반대 의견을 내 놓을 가능성이 높은 사람은 누구인가? 모든 의사 결정이 실행되도록 하기 위해 누구의 협조가 필요한가? 이런 사람들이 바로 회의에 반드시 참석해야 하는 사람들이다.

　적절한 회의 안건을 쟁점이 아닌 핵심을 찌르는 질문의 형태로 제시하라. 너무 많은 회의들이 '필라델피아 무역 박람회'와 같은 주제를 안건으로 제시하고 있다. 무역 박람회 참석 여부에 대해 회의를 하겠다는 말인가? 박람회 예산에 대한 의결을 위한 회의인가? 박람회의 전시장으로 방문객을 끌어들이는 방법을 논의하는 회의인가? 접대용 공간을 마련할 것인지 결정하는 회의인가? 어떤 제품 라인을 박람회에 전시할 것인가를 결정하는 회의인가? 박람회 이전에 마케팅 계획을 구상하기 위한 회의인가?

내가 무슨 말을 하고 싶은지 충분히 알아들었을 것이다. 제목은 안건을 만들어 내는 것이 아니다. 제목은 단순히 회의 참석자들에게 회의 내용에 대해 가볍게 생각해 보도록 만들고 회의가 끝나면 아무런 소득도 없이 자리를 떠나도록 만들 뿐이다. 그 대신 회의의 제목을 핵심을 찌르는 질문의 형태로 만들어야 한다. 회의가 끝날 때 반드시 대답이 제시되어야 하는 핵심 질문 말이다. 회의를 주재하는 사람은 업무의 할당과 사후 처리를 위한 행동 계획을 발표하는 것으로 회의를 마무리해야 한다. 일을 끝까지 처리하는 것에 대해 '잡담'을 늘어놓는 사람으로 알려지기보다 끝까지 일을 처리하는 사람으로 인식될 수 있도록 하라.

사람들을 만나고, 인사를 나누고 그리고 리드하라. 토론하고, 결정을 내리고 그리고 해산하라.

상황에 근거하여 접근법을 선택하라

조직 전체에 걸친 정보 교환을 권장할 때는 종종 중대한 의사결정을 내려야만 하는 경우가 발생한다. 최선의 접근법은 무엇인가? 이메일일까? 전화통화일까? 아니면 일대일로 얼굴을 마주하고 나누는 대화일까? 공식 서신이나 보고서일까? 당신이 어떤 방법을 선택하느냐에 따라 결과에는 엄청난 차이가 날 수 있다.

수년에 걸쳐 이 문제에 관한 의견을 수집한 결과 나는 상황이나 목적에 따른 최적의 방법에 대한 여론을 집계하여 하나의 차트로 만들 수 있었다.([표 10.1] 참조)

당신이 처해 있는 위험에 적합한 것을 선택하라. 무엇보다 중요한 것은 일률적인 초기값이 아닌 상황에 근거하여 접근법을 선택하는 일이다. 즉흥적인 선택은 금물이다. "아, 참! 여기서 만났으니까 말인데……"와 같은 상황은 언제나 금요일 오후 4시 쯤 복도에서 발생한다.

그들의 관심사에 접속할 수 있는 준비를 해라

지위의 높낮이에 구애받지 않는 대화를 권장하는 문화에서는 최고경영자에서부터 운전기사에 이르기까지 모든 사람들과 대화를 나누는 자신을 발견할 수도 있을 것이다. 그들의' 관심사에 접속할 수 있는 준비를 갖추어라. 먹이 사슬의 상위 혹은 하위 계급과 대화를 나눌 때는 이런 질문들이 가교를 만드는 데 도움이 될 수 있다. "이번 달에 당신의 레이더망에 올라 있는 핵심 프로젝트는 어떤 것입니까?", "이번 주에 당신을 골치 아프게 만드는 일은 어떤 것입니까?", "이 달에 당신이 가장 자랑스러운 일은 무엇입니까?", "무리 없이 잘 진행되고 있는 일은 어떤 것입니까?", "당신이 이 일을 처리하는데 내가 어떻게 도와 줄 수 있을까요?", "일하지 않을 때는 어떻게 시간을 보내세요?"

이런 질문에 대한 그들의 반응이 공통의 관심사나 공통의 목적, 공통의 관심사로 이끌어 줄 것이다. 최소한 당신이 깊게 생각해 볼 수 있는 의문점이나 쟁점으로 이끌어 주기는 할 것이다.

순식간에 퍼져 나가는 커뮤니케이션의 들불을 진화하는데 소모하는 시간은 수익을 창출하고 사명을 완수하는데 필요한 시간을 빼앗아 간

<table>
<tr><td>표 10.1</td><td>커뮤니케이션의 방법은 때로 메시지 전달의 성공 여부와 상황의 결과를 결정지을 수도 있다. 일률적인 초기값이 아닌 상황에 맞는 디자인에 근거한 결정을 내려라.</td></tr>
</table>

이메일인가, 전화인가 아니면 일대일 대화인가?

일대일 대화를 선택하는 이유 :

- 즉각적인 피드백 혹은 반응. (몸짓 언어나 목소리의 높낮이.)

- 의견의 비밀 보장에 대한 염려. (기록되거나 전달될 수 없다.)

- 중요성의 표현 혹은 그에 연관된 여분의 시간. (사과 혹은 나쁜 소식.)

- 민감한 쟁점에 대한 세부 사항 협상.

- 냉담하고 무관심한 사람들이 관심을 가지도록 설득할 수 있다.

- 가벼운 질책을 한다.

- 인간관계를 형성한다. (신뢰를 회복하고 첫 인상을 만들어 낸다.)

전화 통화를 선택하는 이유 :

- 상대방의 말을 들을 수 있고 자신이 귀를 기울이고 있었다는 것을 보여 줄 수 있다.

- '이면에 감추어진 진정한 의미'를 감지하기 위해서 상대방의 목소리 높낮이를 들을 필요가 있다.

- 세부 사항을 협상할 수 있다.

- 가벼운 질책을 한다.

- 반드시 "당신이 어떻게 말하는가?"가 당신이 "무엇을 말하는가?"만큼 정확하게 표현될 수 있도록 하라.

이메일을 선택하는 이유 :

- '실시간'으로 대화를 나눌 수 없다.

- 반복이나 다시 읽기가 반드시 필요할 복잡한 정보다.

- 많은 수의 수신자에게 쉽고 빠르게 배포할 수 있다.

- 중간에 방해 받지 않고 시간을 생산적으로 사용할 수 있다.

- '문서로 남긴 증거'가 필요하다.

- 전화통화보다 비용이 저렴하다.

- 일반 우편물이나 '부재 중 전화'보다 빠르다.

- 농담을 주고받느라 정작 필요한 메시지를 전달하지 못할 경우 보다 핵심에 가까운 메지시만 전달할 수 있다.

공식적인 메모나 서신 혹은 보고서를 선택하는 이유 :

- 고객 혹은 파트너에게 선명한 이미지를 남길 수 있다.

- 상황에 따라서는 의례적인 것으로 받아들여진다. (회사 소개서의 경우가 그렇다)

- 보다 공식적인 발표 (신상품 출시, 가격 인상, 데이터의 보고)

다. 당신에게는 그런 여유 시간이 있는가? 만약 그렇지 않다면, 순환 커뮤니케이션이야 말로 당신이 지금껏 한 번도 활용해 본 적이 없는 새로운 자원이자 가장 뛰어난 경쟁 우위가 되어 줄 것이다. 대화하라.

마지막 조언

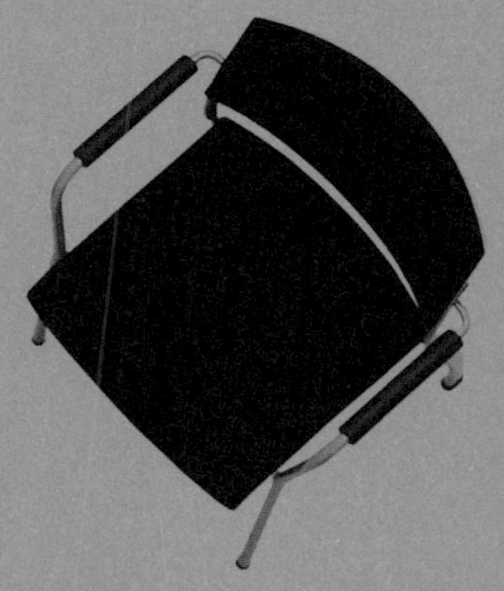

정직이 최선의 방법이다.

－세르반테스 『돈키호테』의 저자

커뮤니케이션은 오늘날 우리 주변에 있는 수많은 목록들에서 상위 3위 안에 반드시 포함되는 항목이다. 예를 들면, 이런 것들의 목록 말이다. 행복한 결혼 생활을 위해 반드시 필요한 가장 중요한 재료, 십대의 자녀를 반듯하게 키우기 위해 가장 필수적인 요소, 성공적인 구직 인터뷰를 위해 가장 중요한 기술, 후보자에 대한 유권자의 지지를 획득하기 위해 애쓰는 정당 관계자들이 한 목소리로 말하는 가장 큰 문제점, 직장을 떠나는 근로자들이 퇴직 사유로 가장 빈번하게 제시하는 불만 사항, 최고의 인재가 새로운 팀에 합류하는 가장 흔한 이유, 변화와 지각 변동의 시기에 리더들이 경험하는 가장 큰 도전 과제, 탁월한 고객 서비스를 위한 가장 중요한 구성 요소.

이것은 모두 커뮤니케이션에 관한 것이다. 성공적인 비즈니스 또한 동료나 고객들과 얼마나 조화롭게 커뮤니케이션을 수행하느냐에 달려 있다. 그러니 나중에라도 무엇을 말해야 할지, 언제 말해야 할지, 어떻게 말해야 할지에 관한 딜레마에 직면하게 되었을 때는 다음과 같은 인식 혹은 현실에 대해 곰곰이 생각해 보고 그에 따른 전략에 대해 고려해 보기를 권한다.

인식 혹은 현실	전략
당신이 상대방에 대해 완전히 솔직한 것이 아니거나 상대방이 당신이 솔직하지 못하다고 생각한다. 상대방이 당신을 신뢰하지 않는다.	단도직입적인 진실을 말하라.
상대방은 불완전한 정보를 전달받고 있다.	완전한 정보, 즉 당신이 알고 있는 모든 것을 전달해 주어라.
상대방이 당신이 하는 말의 의미를 이해하지 못한다. 당신의 메시지가 명확하지 못하다.	간단하고 명료하게 쓰고 말하라.
당신은 당신 자신의 혹은 상대방의 체면을 구기지 않기 위해 의도적으로 애매모호한 태도를 취하고 있다.	직설적으로 대화하라. 어떤 이유에서건 애매모호한 말은 피하도록 하라.
당신이 하는 말은 당신의 행동과 일관성이 없는 것처럼 보인다.	당신의 행위와 신념, 행동 등이 당신의 말과 반드시 일치하도록 하라.
상대방은 당신을 신뢰할 수 있는 사람으로 간주하지 않는다. 당신이 그렇게 보이지 않거나 그렇게 보일 수 있도록 말하지 않는 것 아니면 그들이 당신을 좋아하지 않는 것이 이유다.	그렇다면 개인적으로 신뢰감을 줄 수 있도록 노력하라. 당신의 겉모습이나 당신이 사용하는 언어에서 신뢰감을 느낄 수 있도록 하거나 유쾌한 인격으로 신뢰감을 심어주라는 말이다.
상대방은 당신이 자신들과 인간적으로 의사소통을 하는 일에 관심이 없다고 생각한다. 당신과 인간적인 교감을 하지 못하고 있다고 느끼는 것이다.	그렇다면 당신의 관심사에 대해 커뮤니케이션 하라. 개인 대 개인으로 그리고 그룹 전체를 상대로 말이다.
당신의 커뮤니케이션은 항상 느리다. 상대방은 중요한 정보를 다른 누군가로부터 전해 듣는다. 그리고 정보를 먼저 전달해 준 사람이 당신이 아니었기 때문에 자신들이 부당한 취급을 받고 있다고 느낀다.	항상 응답하라. 비록 중요한 메시지가 나쁜 소식일지라도 그에 관해 항상 신속하게 커뮤니케이션 하라.
상대방은 부실한 커뮤니케이션 기술로 인해 당신이 경쟁력을 갖추지 못했다고 생각한다.	제대로 된 글로 커뮤니케이션 하라. 제대로 된 언어를 사용하여 커뮤니케이션 하라. 사람들은 이와 같이 가장 시각적인 기술들을 근거로 당신의 경쟁력을 판단하게 될 것이다.
사람들은 자신의 의견을 표현하거나 피드백을 전달할 기회가 전혀 없는 고립된 상태에서 일하고 있다.	개방적인 토론과 전 방향적인 피드백을 권장하라. 위쪽으로나 아래쪽으로 이루어지는 커뮤니케이션, 기능적 업무 분야 간에 이루어지는 수평적 커뮤니케이션 그리고 고객과의 사이에서 이루어지는 커뮤니케이션 등 모든 방향의 커뮤니케이션이 가능하도록 해야 한다.

이런 전략들은 실천에 옮기다 보면 "도대체 커뮤니케이션이 이루어지지 않는 이유는 무엇인가?"는 말을 듣는 횟수가 점점 줄어들게 될 것이다. 불평, 불만이나 진실의 은폐, 상대방에 대한 비난 대신 조직의 구성원들은 창조적인 발상이나 아이디어, 혁신적인 생각들을 퍼뜨리게 될 것이다.

콜드 토킹

초판 인쇄 | 2008년 6월 10일
초판 발행 | 2008년 6월 20일

지은이 | 다이애나 부허
옮긴이 | 유상민
펴낸이 | 심만수
펴낸곳 | (주)살림출판사
출판등록 | 1989년 11월 1일 제9-210호

주소 | 413-756 경기도 파주시 교하읍 문발리 파주출판도시 522-2
전화 | 031)955-1350   기획·편집 | 031)955-4669
팩스 | 031)955-1355
이메일 | salleem@chol.com
홈페이지 | http://www.sallimbooks.com

ISBN 978-89-522-0898-9

* 잘못된 책은 구입하신 서점에서 바꾸어 드립니다.
* 저자와의 협의에 의해 인지를 생략합니다.

책임편집·교정 : 이성용

값 12,000원